기독교문서선교회 (Christian Literature Center: 약칭 CLC)는 1941년 영국 콜체스터에서 켄 아담스에 의해 시작되었으며 국제 본부는 미국 필라델피아에 있습니다. 국제 CLC는 59개 나라에서 180개의 본부를 두고, 약 650여 명의 선교사들이 이동도서차량 40대를 이용하여 문서 보급에 힘쓰고 있으며 이메일 주문을 통해 130여 국으로 책을 공급하고 있습니다. 한국 CLC는 청교도적 복음주의 신학과 신앙서적을 출판하는 문서선교기관으로서, 한 영혼이라도 구원되길 소망하면서 주님이 오시는 그날까지 최선을 다할 것입니다.

추천사 1

소 형 근 박사
서울신학대학교 구약학 교수

고대 이스라엘 역사에 관한 국내 출판 서적만 해도 수십 권에 달한다. 오늘날 우리는 고대 이스라엘 역사책의 홍수 시대에 살고 있다 해도 틀린 말은 아닐 것이다. 하지만 동일 제목이나 유사 제목의 책이 또 다시 출판된다는 것은 새로운 뭔가(etwas Neues)가 있기에 독자를 설득하려는 의도로 볼 수 있다.

저자 베른트 U. 쉬퍼(Bernd. U. Schipper)는 이 책에서 성서가 침묵하고 있는 고대 도시들의 고고학적 자료들과 고대 이스라엘의 성전과 제의, 그리고 고대 오리엔트의 다양한 역사적 사건들을 상세히 다룬다. 독자들은 이 책을 읽으며 최신 자료들의 방대한 정보를 접하면서 지적 희열을 느끼게 될 것이다.

이 책의 장점은 고대 이스라엘 역사를 연구함에 있어서 각 시대별로 꼭 필요한 고대 명문들과 고고학 자료들을 언급한다는 점이다.

제1장에서는 성서 외적 자료에서 "이스라엘"이라는 용어를 가장 먼저 사용하고 있는 이집트 파라오 메렌프타 석비, 파라오 쉐숑크 1세의 팔레스타인 원정 기록 등을 통해 고대 이스라엘의 시작과 초기

역사를 서술하고 있다.

제2장에서는 고대 오리엔트의 모압 왕 메사의 석비, 살만나싸르 3세의 연보, 검은 오벨리스크, 텔-단 비문을 통해 이스라엘과 유다-사마리아 점령까지의 역사를 재구성한다.

제3장에서는 신아시리아 왕의 비문, 〈산헤립 연대기〉, 유다 왕 므낫세의 아시리아인들과 공조 전략, 〈바빌로니아 연대기〉, 라기스의 도편 자기 등을 통해 유다 왕국에서 예루살렘 점령까지를 소개한다.

제4장에서는 바빌로니아 지역에 유배자들을 위한 도시 알-야후드(Āl-Yāhūdu)에 대한 정보, 닙푸르에서 발견된 무라슈 자료들, 알-야후두와 바빌로니아 동쪽(십파르)의 비트 나쇠르 문서 등을 통해 바빌로니아 유배자들의 신분과 종교와 당시 사회상을 알려 준다.

그밖에도 엘레판틴 파피루스 자료를 통한 디아스포라 유다 사람들의 생활상과 와디 에드-다리예 유물들을 통한 그리심산 야훼 성전의 국제화와 사마리아 동전을 통한 국제적 영향을 기술한다.

제5장에서는 〈제논-서신〉을 통해 프톨레마이오스의 조세 관습을 알려 주고, 주전 3세기와 2세기 예루살렘 대제사장직의 정치화로 인한 국제관계를, 쿰란에서 발견된 성서 각 권의 최고 필사본들과 공동체 규율, 다메섹 문서, 하다이오트와 같은 쿰란 공동체에 속한 문헌 등을 소개한다.

이처럼 본서는 다른 고대 이스라엘 역사책에서 볼 수 없었던 최신의 데이터들과 방대한 역사적 문헌들을 제시하며 독자들을 설득시키고 압도한다.

저자 쉬퍼는 고대 이스라엘에 관한 역사서술에 있어서 '미니멀리스트'(minimalist)에 해당한다. 역사의 최소주의자는 입증 가능한 자료에 기반하여 역사를 사실로 받아들이기에 이 책을 읽으면서 독자들은 비판적 사고가 꼭 필요하다.

  미니멀리스트의 책을 읽음으로 역사를 바라보는 스펙트럼이 넓어질 수 있기에 고대 이스라엘 역사 연구의 균형감을 원한다면 반드시 필요한 저서라 생각하며 추천한다.

추천사 2

권지성 박사
기독연구원느헤미야 구약학 교수

베른트 U. 쉬퍼는 성서학과 이집트학 두 분야에서 박사학위를 취득했으며, 베를린대학에서 성서학과 고대근동학을 가르치고 있다. 그는 엘레판틴의 유대공동체 문헌들과 잠언 주석서 저술에 수년째 집중해 오는 중이다.

그가 필자에게 이스라엘 역사에 관한 이 책을 한국에서 번역서로 내고 싶다고 했을때 필자는 적지 않게 당황했다. 그 이유는 그가 성서학 분과에서 주로 지혜문학과 이집트 문헌 연구에만 몰두해 왔기 때문이다. 쉬퍼의 박사학위 논문은 잠언과 토라에 관한 것이었다.

하지만 쉬퍼의 *Geschichte Israels in der Antike*가 『간추린 고대 이스라엘 역사』라는 제목으로 번역되고, 이 원고를 다시 꼼꼼히 검토하면서 지금까지 번역된 다른 어떤 이스라엘 역사책과는 다른 결의 책이 나왔다는 생각이 들어 무척 기쁜 마음이 들었다.

쉬퍼의 이 책은 맥스웰·헤이즈의 *History of Ancient Israel and Judah*(『고대 이스라엘 역사』)만큼 많은 분량을 다루거나, 핑켈슈타인의 책만큼 단단한 고고학적 지식과 파격적 해석을 제시하지는 않는다. 또한, 윌리엄 데버의 책만큼 엄청난 유물, 인장, 비문, 건축물에 대해 말하진 않으며, 휘틀럼의 책처럼 팔레스타인의 입장에서 역사를 서술하지도 않는다. 물론, 이 책은 보수 복음주의자들이 좋아할 정도의 최대주의자의 입장을 지지하지도 않는다.

그럼에도 필자가 이 책을 추천하고 싶은 이유는 이 책이 가장 최신의 고고학적 이해와 이스라엘 역사에 대한 내용들을 담고 있다는 점, 그리고 쉽고 간략하게 무려 주전 13세기에서 1세기에 이르는 역사를 한 번에 훑어 준다는 점이다.

그리고 거기에는 놀랄 만한 균형감각을 유지하려고 애쓰는 쉬퍼의 노력이 담겨 있다. 무리하게 성서의 역사를 차용하려 하지 않으면서 무분별하게 고고학적 이해만을 추종하지도 않는다. 역사비평을 적극 수용하면서도 성서 텍스트와 보조를 맞춘다. 기독교 신앙인들의 비위를 맞추려고 하지 않으면서도 성서 텍스트의 역사들을 반영한다.

이 책을 번역한 오민수 박사는 독일에서 구약학을 전공했고 고대 근동학과 관련된 한국어 책을 쓸 정도로 이 분야에 전문가인데 쉬퍼의 책을 오랜 시간 동안 공들여 번역했다.

쉬퍼는 '서론'에서 몇 가지 주요 개념을 설명하는데, 이 분야에 익숙하지 않은 독자라면 필수적으로 이 부분을 이해하고 본론으로 들어가는 것이 도움이 될 것이다.

첫째, 이스라엘 '역사'는 다른 고대 근동의 왕들에 대한 기록에서 보듯이 '정치신학'의 특징을 가진다.

둘째, 성서가 제시하는 과거는 역사적 사실과 신빙성에 관한 것이 아니라, 과거와 현재를 잇는 '의식적 의미 구성'에 대한 것이다. 성서의 두 가지 역사(신명기 계열의 역사서[신명기~열왕기서], 역대기 계열의 역사서[역대기, 에스라/느헤미야]) 기획은 모두 그 나름의 의미를 가지고 민족의 정체성 확립을 위한 이야기들이다.

쉬퍼는 신명기 역사서는 주전 7세기에 저술이 시작되는데 바빌로니아로 유배당하면서 이스라엘 민족 존재에 대해 역사 내러티브로 본다(물론, 노트 이후 이 이론은 여러 번 변형되었다). 역대기는 오직 예루살렘의 유다 왕들(다윗, 솔로몬 이후)만을 이스라엘의 왕들로 생각하면서 북쪽 사마리아는 배제한다.

셋째, 쉬퍼는 고대 이스라엘 역사를 다룰 때, '이스라엘'의 개념을 특정한 시대와 지역으로 한정하고 싶어 하지 않는다. 그는 메르넵타 석비 시대에서 로마 시대까지(주전 13-1세기) 넓은 개념 속에서 설명하려 한다.

여러 가지 장점에도 불구하고 이 책에서 발견되는 아쉬운 지점들이 있다. 쉬퍼는 주전 13세기 출애굽 당시에 존재했을 법한 '고대 이스라엘' 개념을 그대로 수용한다. 그런 면에서 쉬퍼는 성서 기록을 실제 물질성보다 우선하는 최대주의자처럼 보인다.

예를 들어, 쉬퍼는 파라오 메르넵타의 승전 기념비(주전 1208)에서 최초로 "이스라엘"이라는 명칭이 등장하며 이는 무시할 수 없는 민족들이 있었음을 입증한다는 기존의 학설을 그대로 따른다(예. 허셜 생크스).

정말 그럴까?

기념비에는 "이스라엘은 황폐해졌고, 그 씨가 말랐다"라는 것이 전부이다. 만약 이것이 사실이라면 람세스 2세의 아들인 메르넵타는 가나안을 침공해서 그들을 대량 학살했어야 한다.

또한, 쉬퍼는 이스라엘 민족의 한 일파가 전쟁 포로로 이집트에 왔을 것이며, 이후 이들은 해방 체험을 하게 되었고 남부 레반트로 귀환했다는 것이다.

하지만 왜 이집트에 거주했던 민족들 중에 이스라엘이라는 이름을 사용하는 민족이 있었다는 그 어떠한 문헌학적 증거도 발견되지 않은가?

이집트의 수많은 상형 텍스트에서는 왜 출애굽(열 가지 재앙과 홍해 사건)과 같은 국가 붕괴에 버금가는 기록이 전혀 발견되지 않는가?

광야에 머물렀던 수십 년의 시간 동안 왜 이스라엘의 이동과 거주에 대한 고고학적 흔적은 발견되지 않는가?

더구나 쉬퍼는 다윗-솔로몬 제국이 처음부터 성서에 묘사된 것처럼 대제국은 아니라 하더라도 이 왕국이 어느 정도 역사적 사실에 기반하고 있다고 가정한다. 하지만 '텔-단 비문'의 "다윗의 집"에 대한 기사는 거대 제국과 유사한 통일왕국에 대한 어떤 것도 말해주지 않는다.

사실 엄밀한 의미에서 '이스라엘'의 개념은 최초의 북왕국 왕 여로보암에서 시작해 호세아에서 종결된(주전 10세기 말-8세기 말) 북이스라엘로 제한되어야 한다.

주전 6세기 말에 시작하여 오랜 시간 지속된 바빌로니아 귀환 집단은 스스로를 "참이스라엘"이라 불렀으나, 이것은 자신의 정체성을 사마리아까지 포함하는 영토를 자신들이 수복해야 할 영토로 생각했기 때문이다. 다시 말해면, 실제 느헤미야 시대의 귀환한 이들이 인종적 이스라엘은 아니다.

만약 최소주의자의 입장을 견지하는 독자가 있다면, 쉬퍼의 견해를 수용하기 힘들 수도 있다. 처음부터 '이스라엘'이라는 개념은 쉬퍼에 의해 엄밀하게 사용되지 않고 있으며, 이스라엘이라는 개념이 페르시아 시대에 발명된 것이라면, 주전 13세기에 시작한 이스라엘에 대한 것은 엄밀한 역사는 아니다.

사실 쉬퍼는 어떤 면에서는 역사를 말할 때 고고학적 사료나 성서 텍스트 그 어느 것에도 강한 확신을 가지지 못하는 것 같다. 역으로 생각하면, 이 지점이 바로 이 책의 강점이기도 하다. 쉬퍼는 성서 텍스트가 그리는 역사 이야기만을 앵무새처럼 다루지 않으며, 과학적 발견들을 공정하게 다루고 자료들을 최대한 입체적이고 쉽게 제시하려 한다는 점은 고무적이다.

한국에 번역된 이스라엘 역사에 대한 '복음주의권' 책들의 천편일률적 내용이 아닌 훨씬 객관적이고 다양한 내용을 담고 있다. 예를 들어, 이집트학 전문가답게 이집트 엘레판틴에 살던 유대인들의 종교에 대한 설명, 후기 페르시아 시기 남부 레반트 지역에서 사마리아인들의 그리심이 최대 야웨공동체를 형성했다는 것(예루살렘이 아니라)과 같은 사례들은 성서 밖에서 역사를 바라보는 새로운 시각을 열어 줄 것이다. 일독을 권한다.

간추린 고대 이스라엘 역사

Geschichte Israels in der Antike
Written by Bernd U. Schipper
Translated by Minsu Oh

© Verlag C.H.Beck oHG, München 2018
Originally published in German under the title
Geschichte Israels in der Antike
by Verlag C.H.Beck oHG Wilhelmstr. 9, 80801 München, Germany.
All rights reserved.

Translated and printed by permission of Verlag C.H.Beck oHG.
Korean Edition Copyright © 2024 by Christian Literature Center, Seoul, Korea.

간추린 고대 이스라엘 역사

2024년 7월 25일 초판 발행

지은이	|	베른트 U. 쉬퍼
옮긴이	|	오민수
편집	|	전희정
디자인	|	서민정, 소신애
펴낸곳	|	(사)기독교문서선교회
등록	|	제16-25호(1980.1.18.)
주소	|	서울특별시 동대문구 천호대로71길 39
전화	|	02-586-8761-3(본사) 031-942-8761(영업부)
팩스	|	02-523-0131(본사) 031-942-8763(영업부)
이메일	|	clckor@gmail.com
홈페이지	|	www.clcbook.com
송금계좌	|	기업은행 073-000308-04-020 (사)기독교문서선교회
일련번호	|	2024-81

ISBN 978-89-341-2713-0 (94230)
ISBN 978-89-341-1768-1 (세트)

이 한국어판 저작권은 Verlag C.H.Beck oHG와(과) 독점 계약한 (사)기독교문서선교회가 소유합니다. 신저작권법에 의하여 한국 내에서 보호를 받는 저작물이므로 무단 전재와 무단 복제를 금합니다.

Geschichte Israels in der Antike

고대 근동 시리즈 ㊶
간추린 신학 시리즈 ⑱

간추린 고대 이스라엘 역사

베른트 U. 쉬퍼 지음
오민수 옮김

CLC

목차

추천사 1 소형근 박사 | 서울신학대학교 구약학 교수   1
추천사 2 권지성 박사 | 기독연구원느헤미야 구약학 교수   4
역자 서문   14

서론   16

1. 고대 이스라엘과 성경 이스라엘   17
2. 그 땅과 그 공간   19
3. 이야기들과 역사   21

제1장 이스라엘의 시작과 초기 역사(주전 1208-926/925)   24

1. 이집트와 남부 레반트(주전 15-12세기)   25
2. 메렌프타 석비 속 '이스라엘'과 '땅 점유'(주전 13-12세기)   29
3. 이집트 땅에서 이스라엘?: 탈애굽   35
4. 블레셋인, 가나안인, 아람인, 그리고 이스라엘 초기 왕정(주전 11/10세기)   37
5. 다윗과 예루살렘(주전 10세기)   42
6. 솔로몬과 고대 오리엔트(주전 10세기)   44
7. 쉐숑크 1세의 팔레스타인 원정과 솔로몬의 건설 정책(주전 10세기)   47
8. 요약   49

제2장 이스라엘과 유다: 사마리아 점령까지(주전 926/925-722/720)   51

1. 고대 오리엔트와 신아시리아 서부 팽창   52
2. 이스라엘 왕국과 오므리 통치   54
3. 주전 9세기 신아시리아, 아람, 이스라엘   57
4. 주전 9세기와 8세기 유다 왕국   60
5. 주전 8세기 이스라엘과 국가 확장   63
6. 주전 8세기 유다와 그 수도 예루살렘   65
7. 이스라엘과 유다: 티글라트필레세르 3세부터 사마리아 점령까지(주전 722/20)   67
8. 요약   73

제3장 유다 왕국: 예루살렘 점령까지 (주전 587/86)   75

1. 히스기야와 주전 8세기와 7세기의 유다 확장   76
2. 주전 713년 반아시리아 동맹과 주전 701년 예루살렘 포위   78
3. 므낫세 왕국과 신아시리아의 이집트 점령 (주전 7세기)   80
4. 요시야, 이집트 개입, '제의 개혁'   85
5. 네부카드네차르 2세와 예루살렘 점령 (주전 598/97과 587/586)   89
6. 요약   93

제4장 바빌로니아 유배와 페르시아 시대 (주전 587/586-333)   96

1. 바빌로니아 유배   97
2. 페르시아 정책: 주전 539년에서 333년까지   102
3. 페르시아 행정체계와 행정속주 유다   106
4. 이집트와 엘레판틴의 '유다인/아람인'   109
5. 그리심과 사마리아인들의 야웨 성전   113
6. 페르시아 종교 정책과 예루살렘 제2성전   117
7. 요약   121

제5장 헬라 시대 (주전 333-63)   124

1. 알렉산더 대제와 프톨레마이오스의 부상   125
2. 프톨레마이오스 통치하의 유다 (주전 3세기)   130
3. 예루살렘과 프톨레마이오스 왕조   133
4. 프톨레마이오스와 셀로이키드의 대제사장들   135
5. 안티오코스 4세와 마카베오 봉기 (주전 2세기)   139
6. 하스모니아 왕국   145
7. 쿰란   149
8. 전망: 로마 지배하의 팔레스타인 (주전 63년-주후 70년 제2성전 파괴까지)   152
9. 요약   155

고고학적 시기 구분   158
연표   159
지도 (1. 팔레스타인/이스라엘, 2. 예루살렘)   162

역자 서문

오 민 수 박사

대신대학교 구약학 교수

이 책을 접한 지 대략 3년이란 세월이 지나갔다. 책을 번역하던 중에 나는 2022년 8월 취리히대학에서 개최되는 국제구약학회(IOSOT: International Organization for the Study of the Old Testament)에서 소분과 발표자로 초대되어 베른트 U. 쉬퍼(Bernd U. Schipper)와 만날 기회가 있었다.

그와 점심을 함께 나누면서 쉬퍼의 이 책 번역에 대한 계획과 진행 상황, 그의 역사서술의 출발점에 대한 이해를 나누었다. 그와의 대화로 최근 변화된 이스라엘 역사에 대한 새로운 (개정된) 지표를 통한 역사 재구성에 더욱 호기심을 가지게 되었다. 그리고 이 책이 앞으로 국내 학계에 미치게 될 학문적 파장과 논쟁을 가늠해 보았다.

2023년 2월 쉬퍼는 그간 변화된 환경과 책 전체에 흩어져 있는 내용과 자료를 수정한 제2판을 보내 주어, 나는 탈고한 번역 원고를 다시 수정하느라 또 많은 시간을 보내게 되었다. 그리고 마침내 쉬퍼의 탁월한 학문의 요약본을 국내에서 펼쳐 보일 수 있게 되었다.

쉬퍼의 『간추린 고대 이스라엘 역사』(*Geschichte Israels in der Antike*)는 고대 이스라엘 역사에 대한 신선하고 철저한 접근 방식으로 주목을 받아 왔다. 그는 모세, 다윗, 솔로몬, 바빌로니아 유배와 같은 잘 알려진 성경 인물과 사건에 대한 새로운 관점을 제공하는 성경 외 텍스트와 고고학적 발견을 포함한 다양한 출처를 사용하여 고대 이스라엘의 역사를 재구성한다.

학계의 평론가들은 쉬퍼의 작업이 역사적, 성경적 서술에 대한 새로운 안목을 제공한다고 지적한다. 취리히대학의 구약학 교수 콘라트 슈미트(Konrad Schmid)는 이 책이 최근의 고고학 발견을 통합해서 오랜 가설에 도전함으로 전통적 성경 기록과 다른 이스라엘의 과거에 대한 보다 미묘한 이해를 제시한다고 높이 평가한다(Perlentaucher/Thalia). 또한, 이 책은 복잡한 학술 연구를 더 많은 독자가 접할 수 있게 했다는 점에서 높이 평가되고 있다.

쉬퍼의 이 연구가 성경 이야기 이면의 역사적 맥락에 대한 최신 연구에 관심 있는 모든 사람에게 귀중한 자료가 될 것으로 확신한다.

서론

지난 20년 동안 고대 오리엔트 연구 영역 중 이스라엘 역사만큼 격변한 영역은 없었다. 이전 시대 사람들은 성경 속 묘사를 일반적으로 따를 수 있다고 믿었다. 구약성경 각 권은 역사적 진행 과정의 어떤 한 발췌본을 제공한다는 사실은 의심의 여지가 없다. 또한, 여러 구절에서의 장면 연결은 그 역사적 순서와는 다르다는 것도 사실이다. 성경은 과거를 참조해서 현재를 해명하고 미래를 위한 방향을 제시하는 신학서적이다.

연구사 측면에서 볼 때, 기묘하게도 이러한 인식은 성경의 역사적 진실을 방증하려는 연구자들에 의해 뒷받침되었다. 그들은 19세기 고대 이스라엘에 대한 고고학적 탐험 초창기부터 현재까지 성경을 연구하고 발굴을 수행했던 견실한 학자들이었다. 고고학은 종종 그들에게 성경의 묘사와 기록이 발굴 결과와 일치하거나 전혀 일치하지 않았다는 것을 냉정하리만치 확신시켜 주었다.

역사적 서술은 학자들의 신념이나 팔레스타인(이스라엘) 고고학의 정치적 차원을 다루지 않는다. 오히려 그 서술의 핵심 과제는 성경과 성경 외적 자료를 바탕으로 해서 고대 이스라엘 역사를 비평적으로 재구성하는 데 있다.

따라서 이 책은 성경 본문과 고고학 발견물 내지 출토물 사이를 가로지르는 미로를 관통할 수 있는 기준선을 그어 주려 한다. 이 주제에 더 깊이 들어가기 원하는 사람은 매 단락에 첨부한 『구약성경을 위한 역사 교과서』(*HTAT: Historisches Textbuch zum Alten Testament*)와 같은 고대 오리엔트 본문 모음집과 이 책 끝 부분에 실린 참고 문헌을 살펴보기 바란다.

1. 고대 이스라엘과 성경 이스라엘

이스라엘 역사에 관한 서술은 거의 다 기본적으로 먼저 시대를 구분한다. 구약성경이 이야기하는 역사는 종종 고고학과 성경 외 본문이 재구성해 주는 사실과 맞지 않는다. 고대 오리엔트 문서를 탐독해 본 사람은 누구나 이 사실에 대해 의아해하지는 않을 것이다.

고대 오리엔트의 '왕의 비문'은 특정 관점하에서 '역사'를 서술하는 정치신학을 품고 있다. 이에 대한 최고 실례는 주전 1274년 람세스 2세와 히타이트 왕 무와탈리 2세의 카데쉬 전투이다.

만약 누군가 오늘날 시리아의 홈스(Homs) 남서쪽 대략 25킬로미터에서 벌어진 이 전투에 대한 이집트 본문을 읽어 본다면, 휘황찬란한 승리의 장면이 보도된 것을 확인할 수 있을 것이다(*HTAT* 78). 파라오가 적들을 쳐서 몰아낸 것이다. 하지만 히타이트 자료는 완전히 다른 이야기를 전한다. 승리자는 람세스 2세가 아니라, 무와탈리 2세이다.

이렇게 상반된 기록이 있는 이유는 의식적으로 역사를 날조했기 때문이 아니다. 당시 오리엔트 상황에서 그 이유를 찾을 수 있다. 왕은 질서 담보자(이집트어 'Ma'at')로서 세계에서의 안정된 존립을 위해 신에게서 표장(表章, Insignien)을 수여받았다. 왕이 이 일을 수행하지 않으면, 세계는 혼돈 속에 침몰할 것이다. 이집트 전쟁 묘사에서 적들은 혼돈의 야기자들로 간주되기 때문에, 파라오는 이 전투의 승리자로 출연해야만 한다.

구약성경은 어떤 측면에서 고대 오리엔트 문학과 구별되지만, 양자 사이에는 기본적인 공통점이 있다. 양자 모두 정치적 사건 저편의 차원을 목적으로 한 종교적 문학이다.

성경 보도의 역사적 가치가 매주 제한적임으로 이 책에서는 구약성경 중 일부 관련 본문만 사용할 것이다. 관련 본문에는 열왕기서가 한결같이 참조한 '이스라엘과 유다의 일지'(국역: 역대지략)가 있다(왕상 14:19-왕하 24:5).

고대 오리엔트 왕실에는 연감(年鑑)이 있었다고 한다. 이집트 〈벤아문 이야기〉(Wenanmun, 주전 11/10세기)에 따르면, 비블로스왕은 거래 물품의 대금을 기록한 '조상들의 일지'를 관장했다(*HTAT* 100, 2,8f줄). 이 예는 역사 기록의 보존에 관심을 둔 연감(年鑑)의 존재를 입증한다.

물론, 지금까지 구약성경의 연감과 대등한 고대 오리엔트 병행 본문은 발견되지 않았다. 주전 7세기와 6세기 비블로스 역대기는 재위 일자와 중요한 사건을 언급하지만 즉위 때 왕의 나이와 재위 기간에 관한 정보는 없다. 따라서 더 이상의 추론을 하지 않더라도, 연감의 핵심인 이스라엘과 유다 왕들의 목록은 고대 오리엔트의 병행 본문과 관련이 있다. 왜냐하면, 몇몇 구절의 연감(年鑑) 기록은 신명기(적) 역사서술과는 그리 멀리 떨어지지 않은 정치-신학적 시각을 제시하고 있기 때문이다. 엄격히 유다만 향하고 있으며, 그 명확한 초점은 예루살렘에 있다(왕상 14:25-27).

2. 그 땅과 그 공간

고대 이스라엘 역사는 지리적 환경을 배경으로 전개된다. 성경의 땅, '팔레스타인/이스라엘'은 남부 레반트의 한 부분이다. 이 지리적 범위는 홍해 남쪽에서 시작해 사해를 넘어 북쪽으로 이어지며 게네사렛 호수 상부 45킬로미터 지점에서 끝난다(지도 1).

'팔레스타인'이란 용어는 고대 개념으로 그 내용은 전혀 현대적이지 않다. 팔레스타인(아람어 $p^elišta'in$)은 블레셋인들의 정착 지역을 지칭한다. 주후 135년, '팔레스타인'은 로마의 속주인 시리아 팔레스티나(syria palaestina)의 명칭이 된다.

팔레스타인/이스라엘은 결코 거대한 땅이 아니었다. 이스라엘 북쪽 경계인 단에서부터 예루살렘까지는 대략 160킬로미터, 지중해 해변 블레셋 아쉬도트에서 예루살렘까지는 168킬로미터, 그리고 게네사렛 호수 남쪽 끝에서 사해 바다까지는 직선거리 105킬로미터이다. 성경 시대 평균 한 사람의 하룻길이 대략 30킬로미터인 것을 참작하면, 야포(욥바)에서 베들레헴까지는 대략 이틀 이상 소요된다. 그러니까 사람들은 그 땅을 아주 단시간에 여행할 수 있었다.

팔레스타인/이스라엘은 매우 다양한 표정을 지닌 땅이다. 남쪽에는 사막, 좁은 공간의 산악 지대, 산악이 내려오는 각 계곡의 고유한 세계와 비옥한 이스르엘평야가 있다. 성경의 중심을 차지했던 땅, 즉 유다는 후기 시대에 예후드(Jehud) 또는 유데아(Judäa)로 불렸으며, 지리적으로 중요한 교역로와 교역 지대로부터 차단되어 있다.

유다는 바다로 진입할 수 있는 접근로가 없었다. 유다의 서쪽은 높은 구릉의 연속인 쉐펠라 지역이 있고, 그 땅의 동편은 유다 광야로 기울어진다(지도 1). 유다의 북방에는 후기청동기 시대부터 고유한 정치적 단일체를 형성했던 에브라임-사마리아 산악 지대가 놓여 있다.

여기에 더하여 고대 오리엔트 대제국들의 유별난 관심의 대상이었던 지역도 있다. 즉, 블레셋의 해안평야, 북쪽 페니키아 평야, 이스르엘평야 남서쪽 가장자리에 위치한 무역 정책의 중심지 므깃도이다.

사마리아와 예루살렘의 왕들이 지정학적으로 중요한 지역으로 진출하거나, 헤게모니 권력에 반하는 정치 연맹에 가담한 경우, 고대 오리엔트의 대국 통치자들이 그 동태를 파악하는 것은 이스라엘 역사에서 원칙이었다.

일찍이 이 현상은 주전 1400년 후기청동기 시대 도시국가 세겜의 통치자에게서도 나타났으며, 주전 200년에 들어와서까지 이어졌다. 이집트의 파라오나 신아시리아 또는 바빌로니아의 왕들, 프톨레마이오스 왕조와 셀로이키드 왕조의 통치자들은 이스라엘과 유다의 중심이 되는 땅인 사마리아와 유다 산악 지대에는 큰 중요성을 두지 않았다. 고대 오리엔트 대국의 관심사는 교역로와 지정학적으로 중요한 해안평야에 있었다.

3. 이야기들과 역사

열왕기서이든지, 에스라-느헤미야서이든지, 아니면 역대기든지 간에, 구약성경은 과거에 대한 매우 다양한 밑그림을 제공한다. 구약성경의 역사서들은 '사실적인 것'이나 과거에 대한 '역사적 신빙성'을 중요하게 다루는 것이 아니라, 의식적 의미 구성에 큰 의의를 둔다. 특정 관심을 따라 과거와 현재를 의식적으로 연결한다는 점에서, 모든 역사 구성은 주관적이다.

성경 본문은 단지 역사 기록만이 아니라 역사 이야기를 제공한다. '역사'(history)와 '이야기'(story) 사이의 경계는 유연하다. 두 분야 모두 의미 창출과 정체성 설립에 도움을 준다. 역사 기록과 역사 구성은 모두 특정 이야기 구조로 특성화되는 대(大)서사(master narratives)를 이룬다.

우리는 이런 이야기 구조를 구약성경의 위대한 두 역사 기록에서 확인할 수 있다. 그 하나는 신명기(적) 역사서술이고, 다른 하나는 역대기 역사서술이다. 신명기(적) 역사서술은 여호수아, 사사기, 사무엘상하, 열왕기상하에서 찾을 수 있다.

이 책들은 모세오경의 다섯 번째 책 신명기를 토대로 내러티브를 풀어 가는 문학적 맥락을 갖추었다. 이스라엘은 외부에서 '가나안' 땅으로 들어왔고, 땅을 차지하기 전에 하나님이 주시는 법(10계명)을 받았다. 그 법은 하나님과 사람 앞에 의로운 행동을 할 수 있는 능력을 준다. 그러나 '이스라엘의 역사'는 점점 몰락으로 치닫는다. 가나안 입성 시기의 그 이상적 상태와 후에 설립된 왕정이 점점 해체되어 간다.

출애굽과 가나안 땅 점유 이야기로 이어진 사사기, 사무엘서와 열왕기서의 신명기(적) 구도('모세-출애굽-땅 점유 이야기')를 최신 연구와 함께 관찰한다면, 신학적 프로그램의 측면을 볼 수 있다. 구원 은총으로 가득한 이스라엘의 초창기부터 예루살렘 멸망까지의 신명기(적) 역사서술은 유배된 이스라엘 민족의 존재에 대한 해명이었다.

신명기(적) 역사서술의 핵심은 주전 7세기로 거슬러 올라간다. 반면, 역대기서의 역사기획은 페르시아-헬레니즘 시기로부터 유래한다. 역대기서의 역사는 '참이스라엘'의 역사를 이야기해 준다. 이 역사서술의 신학은 다윗과 솔로몬 시기를 본래 이스라엘의 건국 시대로 간주하고, 이스라엘의 역사를 이어지는 예루살렘 왕들과 연결해서 서술한다. 반면, 북쪽 사마리아에 주도를 둔 이스라엘 왕들에 대해서는 그 어떤 언급도 하지 않는다.

이런 역사기획의 예는 구약성경 시대의 '이스라엘'이 아주 다양한 의미로 사용되었음을 보여 준다.

역사적으로 볼 때, "이스라엘"이란 이름은 맨 처음 이집트 파라오 메렌프타 석비(주전 1208)에서 발견된다. 이 석비에서 이스라엘은 인적 집단과 연관된다. 반면, 주전 9세기와 8세기의 고대 오리엔트 〈왕의 비문〉에 기록된 "이스라엘"은 사마리아에 도읍을 둔 한 왕국으로 실제 영토를 지칭한다. 주전 722/20년 이 왕국이 멸망한 후, "이스라엘"이란 이름은 예루살렘에 주도를 둔 유다 왕국을 말한다 (렘 17:13).

이 왕국이 주전 587/86년 예루살렘 함락으로 멸망했을 때, '이스라엘'이란 개념어는 점차 더욱 강력한 신학적 언어로 정교해진다. 그렇게 '이스라엘'은 페르시아와 헬레니즘 시대에는 구약성경적 야웨 하나님을 경배하는 그룹으로 스스로를 칭하는 명칭이 되었다. 일부 본문 속(에스라, 느헤미야)에서 이 경배자들은 예루살렘 제2성전의 회중을 지칭하고, 또 다른 본문(〈델로스 비문〉)에서는 그리심산 사마리아인들의 야웨-회중과 동일시된다.

따라서 이 책에서 기술한 "고대 이스라엘 역사"는 동일한 이름의 하나님 백성이나 주전 9세기와 8세기 '이스라엘' 왕국이 아니라, 메렌프타 석비 시대부터 로마 시대까지(주전 13세기에서 1세기)에 이르는 시공간을 포괄한다.

제1장

이스라엘의 시작과 초기 역사
(주전 1208-926/925)

    이스라엘의 초창기는 알려진 바가 별로 없다. 족장사(창 12-36장)와 이집트에서의 탈출(출 1-15장) 이야기는 그 어떤 역사적 준거점을 제공해 주지는 못한다. 이 두 이야기는 왕정 후기 시대로부터 기나긴 시공간을 넘어서 생겨났다. 따라서 이 두 이야기는 이스라엘의 초기 역사를 재구성하는 데 있어 결정적 자료는 되지 못한다.

    이전 연구에서, 구약성경의 "히브리인들"을 〈아마르나 서신〉의 "하피루"(Hapiru)와 연결하거나, 아브라함과 이삭과 야곱 이야기의 유목민적 색채를 주전 2천년 말엽 이집트 문서들에 언급되는 반(半)유목민(Schasu)과 엮어서 설명하는 것도 마찬가지이다.

    역사적 확실성을 생각하면, 유일하게 파라오 메렌프타의 승전 석비가 신뢰할 만한 기점(起點)을 제시한다. 이 석비는 주전 1208년 남부 레반트 지역의 '이스라엘'이란 이름을 가진 일단의 사람들을 증언한다. 또 다른 성경 외의 자료를 말하면, 주전 926/7년의 파라오 쉐숑크 1세의 '팔레스타인 목록'을 추가할 수 있다.

    이스라엘 초기 역사는 성경 외 이 두 자료 덕택에 틀이 잡힌다. 석비는 처음으로 '이스라엘'을 증언하고, 목록은 역사적 사건을 포착하고 있어, 고대 이스라엘 역사와 성경의 역사서술이 상호 교차하게 된다. 물론, 다르게도 생각할 수도 있다.

열왕기상 14장 25-26절의 짧은 기록은 파라오 쉐숑크(시삭-역주) 원정에 대해 이야기한다. 다만 그 원정의 목표가 예루살렘은 아니었다. 이 이집트 비문에 따르면, 쉐숑크는 예루살렘에 대해 그 어떤 언급도 하지 않고 있다.

1. 이집트와 남부 레반트(주전 15-12세기)

메렌프타 승전비의 의미를 이해하기 위해서는 이집트 역사에 대한 짤막한 개관이 꼭 필요하다. 신왕국 시대(주전 1539-1077년) 파라오들은 남부 레반트에 대한 수많은 원정을 도모했다. 그들은 강력하고 영토 확장에 대한 의욕이 넘치는 대적 히타이트인들과 마주쳤다.

히타이트 왕 슈필리우마 1세(주전 1355-1320)가 미타니 왕국을 점령한 후, 그와 그의 후계자들은 남부 레반트에 대한 주도권을 주장했다. 따라서 주전 1458/57년의 므깃도 전투(투트모세 3세)나, 주전 1274년의 카데쉬 전투(람세스 2세)와 같은 군사 충돌이 발생했다.

일부 전투는 패배로 끝났지만, 이집트 파라오들은 남부 레반트를 통제하고, 대략 주전 1160/1140년(람세스 3세/람세스 6세)까지는 군사적 행동이나 혼인 정책, 또는 외교적 조약을 통해 이 상태를 유지하는 데 성공했다.

전략적으로 중요한 남부 레반트에 대한 이집트의 지배권은, 아메노피스 4세(에크나톤, 주전 1335-1336) 시대 380개에 이르는 점토판이 보도하는 행정체계의 설립과 연결되어 있었다.

쐐기문자로 기록된 〈아마르나 서신〉에는 므깃도, 예루살렘, 비블로스와 다른 지역의 도시 왕들이 파라오에게 보내는 편지도 포함되어 있다. 일반적으로 이 편지들은 적들이나 위협에 대한 보도와 군사 지원 요청을 내용으로 한다. 이런 맥락에서, 아주 여러 번 하비루(*Ḥapiru*)에 대해 언급하고 있는데, 이들은 산악 지역에 살며, 평야 도시들에 위협이 되었던 다양한 이주민으로 추정된다(*HTAT* 044, 비교, 084-085).

당시 이집트가 통치하던 영역은 북쪽으로는 후대 페니키아 해안 도시와 남쪽으로는 블레셋 도시, 그리고 후대 이스라엘과 유다 왕국의 유역이었다(지도 1).

〈아마르나 서신〉은 남부 레반트의 정치 지형을 보여 준다. 당시 수많은 도시국가가 존재했고, 그중에는 산지에 위치한 예루살렘과 세겜이 가장 큰 면적의 도시였다. 그러나 인구밀도는 모두 미미했다. 주요 도시로는 북쪽 하솔(Tell Waqqāṣ)과 주전 10세기에도 기념비적 도시 단지를 아우르고 있던 가드(Tell eṣ-Ṣāfi)로, 후자는 해안평야로 넘어가는 길목이었다.

이집트인들은 경제적, 전략적으로 중요한 지역에 진출하려 할 경우에만 도시국가들에 관심을 두었다. 세겜의 통치자 라바야(*Lab'aya*)가 바로 그런 경우였다. 〈아마르나 서신〉에 따르면, 라바야는 예루살렘을 제외하고 근접한 도시왕국들과 연합하여 해안평야와 이스르엘평야의 통상로를 통제하려 했다(*HTAT* 045).

이 보도의 핵심은 주전 9세기와 8세기 이스라엘 왕들의 활동에서도 나타난다. 그들은 이웃 지역과 정치적 동맹을 형성하여 중부 팔레스타인 산지에서 경제적, 전략적 요충지인 해안평야로 확장하려 시도한다.

이 사실은 도시국가의 영토 시스템이 남부 레반트에 대한 이집트의 통제가 끝나서도 여전히 건재했다는 것을 말한다. 주전 2천년에서 주전 1천년으로 넘어가는 과도기 무렵, 후기청동기 도시 문화(이전 연구에서는 '가나안 문화'로 지칭했다)의 붕괴가 있었지만, 고고학이 방증하는 바에 따르면, 이집트 파라오들이 이룩했던 구조가 후기청동기 시대에서 청동기 1기를 넘어 청동기 2A기 시작에 이르기까지 지속되었다.

더 후에 생겨난 이스라엘과 유다 왕국 역시 그 핵심에 있어서는 후기청동기 시대 구조와 연결되어 있었다고 추정된다. 왜냐하면, 땅 점유, 국가 형성, 이스라엘-유다 왕국 등 이어지는 이스라엘 역사는 사실상 후기청동기 시대의 도시국가였던 예루살렘과 세겜 유역에서 펼쳐지기 때문이다. 물론, 이 둘 중 세겜이 현저히 중요했다(지도 1).

이집트인들이 창안했던 주전 13세기 행정 구조에는 벧스안과 가자의 수비대 도시도 있었다. 이 두 도시는 전략적으로 중요한 지점에 있었다. 요단 계곡을 통과하여 북남 도로와 이스르엘평야를 통하는 동서 길이 벧스안에서 교차한다. 반면, 가자는 육로로 이집트에서 시나이반도를 거쳐 남부 레반트에 이르는 해변길(Via Maris)에 위치한 중요한 군사 병참기지였다. 이집트 자료는 해변길의 남쪽 일부 구간을 "호루스 대로"라고 지칭했다(*HTAT* 077).

벧스안의 고고학적 발굴은 당시 사람들이 남부 레반트에 있던 이집트 수비대 도시를 어떻게 생각했는지 그 실례를 보여 준다. 벧스안에는 이집트 신전, 행정건물, 이집트 도시 건축을 따라 만든 건축 설계, 그리고 파라오의 종교정치적 권한을 끌로 새긴 기념비적 석비가 있었다(비교, 델 엘-아마르나, 데이르 엘-메디나).

이집트의 영향력은 지대했는데, 고정의 공방에서는 이집트 도자기가 생산되었고, 그 지역 사람들이 이집트 유산을 훨씬 후대까지 보존하고 있었다. 이집트 기념비는 주전 10세기와 9세기(단층 S/S1), 즉 유다 왕 다윗과 솔로몬 시대에서도 여전히 상용되었다. 그중에는 람세스 3세의 좌상과 람세스 2세와 세토스 1세의 대형 승전비가 있었다(*HTAT* 063-064). 벧산의 고고학적 발굴은 이집트의 영향력이 이스라엘 왕정 시기까지 지속되었음을 말해 준다.

또 다른 실례가 가자이다. 고대 도시 가자는 정치적 상황으로 여태까지 발굴할 수 없었다. 하지만 인접한 지역의 문헌이나 고유물들은 그곳이 남부 레반트의 남쪽에 중요한 이집트 행정 중심이 있었다고 말해 주고 있다.

가자는 투트모세 3세(주전 1479-1425)가 건립하여 람세스 왕조의 종말 때까지 존재했다. 람세스 4세(주전 1156-1150) 시대의 한 이집트 파피루스는 이집트 신왕국의 주신, 아문레의 신전이 가자에 있었음을 언급한다(*HTAT* 068).

이 파피루스를 벧세메스의 세 갑충석과 남부 텔 엘 파라(Tell el-Fārʻa)와 연결시켜 생각해 본다면, 가자는 고장의 산물에 대한 세금을 징세하던 남부 해안평야 지대 중요한 행정 중심이었다. 남쪽인 텔 엘 파라뿐 아니라, 가자의 배후 지역인 쿠브르 엘-발라이다(Qubur el-Walayda)에도 이집트식 영감을 받은 건물 양식이 발견되었다. 이런 종류의 '이집트 관저'는 텔 에스 쉐이아(Tell es-Šeïʻa, 단층 4), 텔 젬메(Tell Ğemme, 건물 JF), 라기쉬(단층 6)에서도 나타난다.

가자에서는 다양한 신이 나란히 숭배되었다. 한편에는 이집트 신 아문레의 신전이 있는가 하면, 다른 한편에서는 이집트 수비대 서기관이 상급자에게 보내는 한 편지에서도 언급되듯이 '가자의 아낫'을 위한 축제가 거행되었다(HTAT, S.174, 각주 199). 이 축제는 이미 우가릿(주전 2400)에서 엘의 딸이요, 바알의 자매로 소개된 여신 아낫('Anat)의 지역적 양식임을 알 수 있다.

람세스 6세(주전 1145-1139) 시절의 한 물품이 발견된 이스르엘 평원 서부 주요 도시인 므깃도를 추가한다면, 주전 15세기에서 12세기까지 남부 레반트는 이집트의 통제하에 있었음을 확인시킨다.

고장의 봉신 영주는 조공을 바쳤고, 그 조공은 초지역적 행정 중심지에 집결되었다. 도시 근교에는 이집트 관리가 살고 있었고, 이집트 종교의 영향이 있었다. 남부 레반트에서 도시구획 양식과 문화적 영향은 직접적인 이집트 통제 상실로 끝난 것이 아니라 람세스 왕조를 넘어서까지 미쳤다. 벧스안의 경우 이집트의 영향은 주전 10세기와 9세기까지 미쳤다.

2. 메렌프타 석비 속 '이스라엘'과 '땅 점유'(주전 13-12세기)

파라오 메렌프타 재위 5년에 세워진 높이 3미터 10센티의 승전비(주전 1208)는 리비아에 대한 군사적 승리를 기리는 승전가를 포함하고 있다(HTAT 066). 이 승전비에는 메렌프타의 남부 레반트 원정(주전 1211/1210)으로 소급되는 열여섯 구절 단락이 나온다. 요약 공식("영주들은 무릎을 꿇고 엎드렸고 샬롬[$š$-r-m]을 말한다!"[26 열])은 이 구절

이 역사적 지식을 서술의 소재로 삼았다는 것을 분명히 해 준다. "샬롬"(평화/안녕)은 셈족 어휘이지 이집트 어휘는 아니다.

"가나안"으로 지칭된 가자와 아쉬켈론, 게제르, 예노암에 대한 진술 이후, "이스라엘은 벌거숭이가 되었다 – 더 이상 씨앗이 없다"란 문장이 발견된다. 이집트 상형문자 본문이 "이스라엘"이란 호칭으로 도시나 지경이 아니라, 인적 그룹을 염두에 두었다는 것은 의심의 여지가 없다.

"더 이상 씨앗이 없다"란 말은 여러 해석의 여지가 있다. 이 문장은 소농민인 이스라엘에게 더 이상 파종할 씨앗이 없다거나, 또는 후손들(창 12:7; 13:15-16)이 죽임을 당했다고 뜻할 수 있다. 비문의 문장 구성이나 개별 지역과 종족에 대한 진술은 첫 번째 해석을 지지한다.

비문은 남쪽 가자에서부터 해변인 아쉬켈론과 쉐펠라 지역의 게세르를 거쳐, 게네사렛 호수 남서부에 자리한 예노암(Tell en-Nā'am)을 나열한다. 그렇다면 "이스라엘"은 게네사렛 호수 남쪽 인근에 위치해야 하는 인적 집단과 연관될 수 있다.

이 인적 집단이 이집트 기념 석비에 언급되었으므로 이집트에서 중요했던 도시나 지역 주변에 살고 있던 사람들을 찾아야만 한다. 왜냐하면, 이집트 기념 석비가 임의의 인적 집단을 언급하지는 않기 때문이다. 그렇다면 후보로 거론될 수 있는 유일한 그 지경의 도시는 벧스안이다(지도 1).

그러므로 메렌프타 석비는 '이스라엘'이 후기청동기 시대에 한 도시(벧스안?) 주변부 평야에서 농업을 경영했으며, 특정 시점 이후에 이집트의 눈에 띌 거동을 했던 한 인적 그룹이었음을 적시한다. 왜냐하면, '이스라엘'은 그 도시의 경제권으로부터 떨어져 있으며 도심에는 농경민이 없었다(HTAT 047).

이 자취를 따라가며 성경에 '이스라엘 민족의 땅 점유'로 묘사된 부분(수 2-11; 13-21; 삿 1:1-2:5)을 질문해 본다면, 위의 사실과 고고학적 유물은 아주 일치한다.

주전 1200년 직전에 산지 정착이 시작되었다. 정착은 게네사렛 호수에 인접한 갈릴리뿐만 아니라 후기청동기 시대 도시국가인 세겜에서도 일어났다. 이집트가 통제하던 평원 지대의 도시 문화와 벧스안 만곡(彎曲)으로부터 결별하기를 원했던 이 인적 집단의 이상적인 안식처를 생각해 본다면, 사마리아-에브라임 산지에 접해 있던 도시국가 세겜 유역에서 이들을 찾을 수 있다.

철기 1기에 이스르엘 평원으로 이어지는 사마리아 산지의 북쪽에서 수많은 소(小)정착지가 생겨났다(지도 1). 대략 150개의 지역 중 얼마 안 되는 지역만이 후기청동기의 이전 정착지와 연속선상에 있다. 비교적 쉽게 버려두고 떠날 수 있는, 소위 "한 주기 정착"(one periode sites)으로 말해지는 작은 농가와 더불어 대지 1헥타르가 넘는 대형 주거지도 있었다.

후기청동기 시대 도시들이 문화적 격변기를 경험한 결과 산지 주거지들이 만들어졌지만, 이 주거지 정착은 도시 문명이 다시 강화되었던 주전 10세기와 9세기에 끝난다. 바로 이 지점이 후기청동기 시대 '가나안'에서부터 메렌프타 석비의 '이스라엘'을 거쳐 왕국 '이스라엘'로 이어지는 연결지점이다. 그것은 구약성경의 시리아-팔레스타인 종교적 요소의 역사적 토대일 수 있다. 예를 들면, 신명 '엘 엘리욘'(El Elion)이 그것이다(시 83:19; 97:9).

산지 지역의 소정착지는 기꺼이 '이스라엘적'이라고 말할 수 있는 세 가지 특성을 보인다.

- 도자기 양식: 약 1미터 높이 불룩한 목의 저장 용기인 '채색 테두리 항아리'(collared rim jar).
- 집 양식: 네 방 구조 집
- 계단형 농경지

그러나 이 세 가지 특색은 이스라엘 문화를 위한 '색인 화석'으로 사용하는 데 있어 제한적으로만 적합하다. 그래서 초기철기 시대의 촌락 문화와 후기청동기 시대의 도시 문화와의 차이는 예를 들면, 서로 다른 경제생활 양식과 지리적 위치로 설명된다. 왜냐하면, 산지 마을들은 한 지역을 넘는 상권으로는 연결되어 있지 않았으며, 필요를 자체 생산으로 충족했다(자급자족 경제).

하지만 후기청동기와 초기철기 시대 문화의 공통점도 있다. '네 방 구조 집'은 넓은 공간(주거영역/우리)과 일부 지붕 덮인 앞마당으로 이루어지는데, 이런 양식은 예를 들면, 북쪽 블레셋 지역 텔 카실레(Tell Qasile, 단층 10)와 같은 산지 이외의 지역에서도 발견된다. 그리고 채색 테두리 저장 항아리는 산지에만 나타나든지, 아니면 오로지 초기철기 시대에만 사용된 것은 아니다. 가장 오래된 항아리는 후기청동기 시대 아벡의 것이고, 일부 물품은 트랜스요르단 지역(예, Tell el-Umēri)의 것이다.

소주거지는 일부 부속건물을 가진 농장이나, 행정건물이 없는 원형으로 지어진 일군의 건축물들로 이루어진다. 산지 서쪽 가장자리에 있는 이즈벳 사르타(Izbet Sartah)의 점토 조각의 다섯 줄 글귀는 문자의 시작을 지적해 준다(지도 1).

물론 고고학은 주거지 사회의 형태가 어떠했는지 알려 주는 바가 적을 수 있겠지만, 몇 가지 사실은 단정할 수 있다. 초기철기 시대 산지 마을의 거주민들은 성경이 묘사하는 바와 같은(창 12:1; 신 26:5-7) 오랜 방랑 생활 이후 정주한 유목민이 아니라, 오히려 산지의 반유목민, 평야의 소농민 등 전혀 다른 배경의 구별되는 그룹들이 엮여 있었다("혼합된 군중", A. E. Killebrew).

그래서 이스라엘의 땅 점유는 초기철기 시대 도시 문화에서 촌락 문화로 이전되는 과도기 과정과 평야-산지의 대립으로 설명된다. 바로 직전인 후기청동기 시대의 도시국가 지역에 주거지 분화가 생겨났다. 도시국가 세겜 산지는 이전 시대의 정착이 희박하게 이루어졌기에 최적의 발전 가능성을 제공했다.

이를 통해, 이스라엘의 시작은 그 땅 자체에서 비롯되었다는 것을 확정할 수 있다. 대략 주전 1200년경, "이스라엘"이란 이름을 띤 인적 집단은 외부에서 유입된 고대 오리엔트를 횡단하는 유목민이 아니라, 후기청동기 시대 도시 문화로부터 발생했다.

처음 메렌프타 석비에서 "이스라엘"로 명명된 이 그룹은 이집트가 지배했던 도시 주변부에서 머물다가 고유한 자신들의 길을 가게 된다. 그래서 이집트인들은 "이스라엘"을 석비에 이름으로 남길 만한 적(敵)으로 간주했다.

남부 레반트 지역에서 이집트 통제가 비틀거리는 상황일 때, 이집트인들에게 주요한 도시 주변에 노동력을 제공했던 소농민들이 산지에 독자적으로 살고자 분리되었다는 생각은 여전히 추측으로 남논다. 하지만 한 가지 사실만은 의문의 여지가 없다. 이스라엘은 '가나안'으로부터 생겨났고, 외부에서 그 땅으로 유입되지 않았다.

이 사실은 성경 전승 본문에 반하는 듯한 인상이다. 모세오경의 출애굽기~신명기, 그리고 여호수아, 사사기, 사무엘, 열왕기에서 이야기된 '성경 이스라엘'의 역사는 그들만의 차이점을 강조한다. 이에 따르면, 이스라엘은 외부에서 들어왔고 가나안 출신이 아니다. 성경 저자들에게는 신학적 구별이 중요하다. 야웨 하나님의 백성으로서 이스라엘은 가나안의 신들이나 종교와 하등 무관하다.

새 정착지 지도(지도 1)는 '땅 점유'가 후기청동기 시대 도시국가 세겜 유역에서는 대폭 이루어졌지만, 예루살렘 주변 지역에서는 현저히 희박했다는 것을 보여 준다. 우리는 이미 이 사실로부터, '이스라엘'에게는 북쪽 지방이 남쪽 지방보다 중요했다는 것을 감지할 수 있다.

'이스라엘의 요람'은 유다나 예루살렘이 아니라 북쪽 지역에서 찾을 확률이 높다. 또한, 이 사실은 남쪽 지방이 아니라 북쪽 지역으로 귀속될 수 있는 야웨 하나님의 역사에 대한 새로운 이해에도 부합한다.

하지만 이 사실은 탈출 전통에 의미하는 바는 무엇인가?

3. 이집트 땅에서 이스라엘?: 탈애굽

자신의 백성 이스라엘을 이집트 땅에서 이끌어 내셨던 하나님에 대한 신앙고백은 성경 이스라엘의 중심 교의(敎義) 중 하나이다(비교, 출 20:2; 신 5:6). 이 고백이 어느 정도까지 역사적 사건에 기초하고 있는지 현재까지 자료들로는 전혀 말할 수 없다.

여하튼 이스라엘인들이 비돔과 람세스 건축에 참여했으며 '압제자 파라오'는 람세스 2세였다는(M. Noth; S. Hermann) 고전 명제는 더 이상 지탱되지 못한다.

사람들은 오랫동안 이스라엘인들이 "국고성 비돔과 람세스" 건축 시 강제 노역했다는 출애굽기 1장 11절의 짧은 기사가 람세스 2세(주전 1279-1213) 시절 역사적 사건이라고 생각했다.

람세스 2세는 통치 말엽 소위 "람세스의 도성"이라 부르는 새 주도를 건설했다. 그러나 이 도성은 주전 1077년 이후에는 잊혔다. 이 보도가 람세스 왕조 시대에 국한되기 때문에, 출애굽기 1장 11절의 "람세스"란 이름은 역사적 기억일 수 있다. 왜냐하면, 출애굽기 시작 본문 구절이 생겨났던 시기에 그 파라오를 설명한다는 것은 불가능했기 때문이란 이유에서 이다(A. Alt, H. Donner).

이 이론이 연약한 지반에 서 있는데도 구약성경 연구는 수백 년 동안 이 이론을 추종했다. 왜냐하면, 출애굽기 1장 11절의 인명 "람세스"처럼 이집트 문헌에 "람세스의 도성"(*pr-R'-ms-sw*)으로 지칭되던 람세스의 도시와 함께 람세스 왕조에 대한 기억도 희미했기 때문이다. 오히려 인명 "람세스"와 도시명 "비돔"(이집트어, *pr-Jtm* '아툼(신)의 집')은 주전 7세기의 역사적 상황을 알려 준다.

문학적 특색으로 비추어 볼 때, 이 성경 본문은 주전 7세기 이전에는 생겨나지 않았기 때문에, 모세의 두 번째 책 출애굽기 시작 부분의 그 구절은 주전 200년대 상황의 재구성에는 적합하지 않다.

그렇다면 우리는 '이집트 땅에서의 이스라엘'에 관해서 무엇을 알 수 있겠는가?

그리고 애굽에서의 탈출 이야기 윤곽은 어떠한 것인가?

자료의 결핍으로 일정 사색적이지만 가능한 모델은 다음의 시나리오이다.

메렌프타 석비의 남부 레반트 본문 단락이 실제 원정으로 소급된다면, 민족 '이스라엘'의 일족은 전쟁 포로로 이집트에 도착했을 수 있다(E. A. Knauf). 그렇다면 '해방 체험'은 이렇게 이해될 수 있다. 이 전쟁 포로들은 어떻게 재구성해 볼 수는 없는 상황에서 자유케 되어, 팔레스타인/이스라엘로 다시 이동하게 되었다.

"모세"라는 한 남자의 이름은 주전 2000년 말엽의 탈애굽 경험을 고정하기 위한 하나의 논거가 될 수 있을 것이다. 모세는 람세스 왕조 시대의 신명과 동사 *msj*(~낳다)로 조합된 전형적인 인명 단축형으로, '신 레(Re)는 그를 낳은 자이다'라는 뜻이다. 이집트의 철자 *s*가 히브리어 철자 *shin*의 재현이라는 고문헌학적 설명의 도움으로 "모세"(히브리어 *mošeh*)라는 이름은, 출애굽기 1장 11절의 이름 람세스가 후대 시대였다는 것과는 달리 주전 2000년대 말엽 셈어로 정착되었다는 사실은 의심할 여지가 없다.

그러므로 람세스 왕조 시대(제19-20왕조)에 소단위의 전쟁 포로들이 이집트에 도착했고, 그곳에서 재구성 불가능한 상황에서 고대 도시국가 세겜 산지에 정착했던 '이스라엘인들'과 합쳐지기 위해 남부 레반트로 돌아왔다는 가설은 생각해 봄직하다. 그런 다음, 이집트에서 기적적 도피와 야웨 하나님을 통한 보호 이야기는 전체 이스라엘의 정체성을 형성하게 되었다(비교, 출 20:2; 신 26:5-9).

4. 블레셋인, 가나안인, 아람인, 그리고 이스라엘 초기 왕정 (주전 11/10세기)

사사기서와 사무엘서는 이스라엘 민족에 대한 사사들의 통치와 이전에는 대략 주전 1000년으로 편력했던 왕정 도입에 관해 이야기한다. 하지만 이 시기도 앞선 시대와 마찬가지로 역사적 재구성은 어렵다.

일부 학자는 성경의 축소된 묘사를 따라, 사사기와 사사기 5장의 '드보라의 노래'를 토대로 개별 지파들은 점차 연맹체를 결성했으며, 종국에는 연맹체 안에 왕을 세우기 원하는 열망이 일어났을 것으로 본다. 사울왕을 이어 다윗이란 젊은 통치자가 있었다. 다윗은 블레셋에 대항하여 싸웠고, 그는 즉위 이후 예루살렘을 점령하고 이곳을 자기 왕국의 주도로 삼았다(삼하 5장).

주전 11세기와 10세기 역사 재구성은 블레셋인, 토착인(가나안인), 아람인 종족으로부터 출발해야 한다. 실제 사울과 다윗의 통치하에 왕정이 있었다면, 그것은 남부 레반트의 지정학적 상황을 통해 이것이 설명될 것이다.

이집트는 대략 주전 1150/1140년경 남부 레반트에 권력을 상실했던 반면, 소위 해양 민족이라고 불리는 새로운 인종 집단이 이 지역에 영향력을 확보했다. 이 인종 집단은 에게해, 발칸반도, 소아시아와 근동 아시아 지역 출신으로 주전 12세기에 해안평야를 침입했다. 람세스 3세(주전 1187/1157)의 신전 부조는 주전 1175년 이집트와 해양 민족 간 군사 충돌을 극적으로 묘사하고 있다(*HTAT* 093).

예전 연구는 이집트인들의 관점에 따라 '후기청동기 해양 민족의 급습'을 재구성했다. 해양 민족 중 한 그룹이 방화와 약탈을 일삼으며 남부 레반트를 휩쓸었고, 남부 레반트 지역의 후기청동기 문화를 완전히 붕괴시켰다.

그럼에도 불구하고 이 연구가 간과한 것이 있다. 이집트의 전투 부조는 역사적 사실을 묘사하지 않고, 세계를 보존하는 파라오의 행위를 표현했다. 파라오는 신의 위탁을 받아 적을 쳐서 파하여 질서를 보증한다. 또한, 사람들은 점차 후기청동기 문화의 몰락은 아주 다양한 원인이 있었고 평야와 산지로 여러 가지로 진행된 상당히 장기간에 걸쳐 벌어진 사건임을 알게 된다.

이집트의 두 본문은 역사적으로 분명한 사실을 알려 준다. 주전 11세기 또는 12세기의 〈아멘오페의 명부〉는 해안평야의 지명과 족속명을 열거하는데 아쉬켈론, 아쉬도트, 가자뿐만 아니라 세 부류의 해양 민족을 언명한다. 그 해양 민족은 쇠르덴(Šardana), 시켈러/시커(Tkr/Tjekker), 필리스터(Prst/Palaštu)이다.

〈벤아문 이야기〉는 이 정보를 보충해 준다. 이 이야기는 이집트의 한 신전 관리가 도르와 비블로스를 거쳐 시리아-팔레스타인 지역을 여행한 것을 보도한다(*HTAT* 100). 이 본문에 따르면, 시켈러/시커는 도르에 살고 있으며 팔레스타인 해변의 무역을 통제하고 있다.

해양 민족들이 람세스 3세의 허락으로 남부 레반트 지역에 정착했든지, 또는 그들 스스로 정착했든지와 전혀 상관없이 이 본문은 해양 민족들이 초기철기 시대 원거리 무역에 중요한 역할을 수행했으며 해변을 따라 팔레스타인 안으로 들어와서 정착했음을 분명히 한다(그림 1).

이런 정착에 대한 정보는 이집트와 사이프러스로부터 남부 레반트로 들여온 수입품들이 고장 제작의 유채색 장식을 한 새로운 토기로 변환되었다는 점과 일치한다. 이런 종류의 토기는 주전 11세기 두 색 채색 토기로 대체 되었다. 이 두 색 토기는 후기 헬라 양식(IIIC)과 닮았으며 "블레셋 토기"라고 지칭한다.

남부 해안평야에 도시 문화가 공고히 된 것은 블레셋인들과 연관되어 있다. 이 시기 남부 팔레스타인의 이집트 행정 중심지는 가자였다. 또한, 에크론, 아쉬도트, 가드가 있었는데, 가드는 45-50헥타르로 당시 팔레스타인/이스라엘에서 가장 큰 도시였다(A. Maeir).

가드 인근에 한 도시(Khirbet Qeiyafa)가 있었는데, 그 도시의 유물은 많은 논쟁을 불러일으켰다. 발굴자들은 아주 짧은 기간(약 주전 1025-975) 정착촌으로 사용했던 이곳을 다윗왕과 결부하여, 성경 속 지명 "사하라임"(두 성문)으로 보았다(비교, 수 15:36; 대상 4:31).

히르베트 케이야파는 성문이 둘이고 포곽 성벽을 갖춘 요새화된 도시였다. 고고학자들은 두 비문을 발견했는데 그중 하나에는 이쉬바알이란 인명이 적혀 있었다(대상 8:33; 9:39). 그밖에 마쩨바, 소인형 파편 조각, 제의 단상, 제의 설비와 성궤 모형 두 점이 발견되었다.

히르베트 게이야파의 물질 문화는 블레셋 해안평야뿐만 아니라 이웃 도시인 가드와 분명한 차이를 보이는 동시에, 초기철기 시대 유대 지역과는 공통성을 보인다. 이 모든 것은 유다의 일원임을 알려 주는 듯하다(A. Maier). 물론, 블레셋인들의 정착을 근거로, 해안 지대의 초기 거주민들이 내륙으로 이동하여 초기철기 문화가 완전히 부상하기 전 히르베트 게이야파에 정착했다고 생각해 볼 수도 있다(N. Na'aman). 이런 시나리오는 이 도시가 한 세대 이후에는 버려져 있었다는 사실과 일치한다.

북부 해안평야에도 여러 다른 문화가 병존했다. 일부 해양 민족뿐 아니라 후기청동기 도시 문명 시대의 거주민도 살고 있었다. 게네사렛 호수의 고대 도시 킨네렛(Tell el-'Orēme)은 이를 보여 준다.

주전 11세기 킨네렛(지층 V)은 약 6헥타르에 이르는 큰 도시로, 궁궐과 제의 건축물, 성벽 축성, 다양한 상점, 방앗간, 빵집, 올리브 생산 설비를 갖추고 있었다. 이 지층의 토기는 페니키아뿐만 아니라 트랜스요르단과 시리아 지역 깊숙이까지 문화 접촉이 있음을 말해 준다.

게네사렛 호수 북동쪽 지류의 텔 하다르(Tel Hadar)의 지층 IV는 이와 비견될 만한 것들을 보여 준다. 그러므로 킨네렛 V와 텔 하다르 IV는 사회정치적 단일체를 형성했다고 결론 내릴 수 있다.

이런 단일체는 성경의 벳세다, 즉 옛 텔(지층 V)과 엔 게브(지층 MIII)가 공고히 되었을 주전 10세기에 변화를 겪는다. 다메섹으로 뻗은 무역로와 아람의 남방 정책으로 아람-다메섹과 게네사렛 호수의 도시 연맹체 사이에 접촉이 생겨난다. 게네사렛 호수 연맹체는 성경이 증언해 주는 그술 왕국이었을 것이다(삼하 3:3; 13:37; 15:8; O. Sergi/A. Kleiman).

여기에 해변 페니키아 도시들을 참작한다면, 〈벤아문 이야기〉와 고고학적 발굴(Dor)이 입증하듯, 남쪽에서 출발하여 해안평야를 거쳐 북쪽과 게네사렛 호수에 이르기까지 재(再)도시화 현상이 나타난다. 이 재도시화의 영향은 팔레스타인 중앙 산지에까지 미치지 않을 수 없었다.

사울 통치하의 왕정 형성의 근거는 바로 이 지점에서 찾을 수 있다. 주전 11세기와 10세기의 원거리 무역을 통해 다시 흥한 해안평야 지대 도시 문화는 북쪽 아람과 남쪽 블레셋과 더불어 새로운 정치적 변수로 등장했다. 이 정국은 중부 팔레스타인 산지의 소정착촌들의 연맹 형성과 촌락 외 결혼(족외혼)을 통해 지역 동맹을 결성하게 하고, 이 연합체들 내에 지도력(Chiefdom)을 창출하도록 야기했다.

이런 발전은 후기청동기 도시국가 세겜(Tell Balāṭa)이 주전 1100년 파괴된 이후 초기철기까지 전혀 정착이 이루어지지 않았을 뿐만 아니라 평야 지대의 도시국가 중심지들이 산지로도 확장되지 않았으므로 더욱 유리하게 되었을 것이다. 이 사실은 다시 한번 사울의 지배권이 세겜 남부와 베냐민 지파 영지라고 말하는 성경의 진술(비교, 삼상 9:4)과 일치한다.

이스라엘의 지리적 위치는 종전과 마찬가지로 후기청동기 시대 도시국가인 세겜과 예루살렘을 무대로 둔 주전 11/10세기 산지에서 찾아야 한다. 이 둘 중 세겜이 더 큰 비중을 차지했다. 이 형국에서 이스라엘로 귀속될 수 있는 스무 개의 정착지는 예루살렘 남쪽에 있었고, 백 개 이상의 정착지는 북쪽에 있었다(지도 1).

이 사실이 성경 전승이 남부로 위치시킨 다윗 왕정에 의미하는 바는 무엇인가?

5. 다윗과 예루살렘(주전 10세기)

다윗 왕정을 역사적 이해하는 어려움은 있지만 확실한 한 가지 사실은 다윗왕이 존재했다는 점이다. 단(Tell el-Qāḍī)에서 발견된 아람어 비문은 아람 왕 하사엘(약 주전 843-803)이 *bytdwd*의 한 통치자를 물리쳤다(*HTAT* 116)고 보도한다. 파편 비문이 어떤 왕을 가리키는지 분명히 하고 있지는 않지만, 그 의미는 '다윗의 집'으로 분명하다. 이에 따르면, 주전 9세기에 일개 왕인 다윗을 따라 이름하는 통치자 계보가 존재했다.

다윗왕에 대한 성경 본문은 그 어떤 역사적 사실을 말하고 있든지 간에 제한적인 시각만을 제공한다. 그 진술은 지리에서 시작하여 예루살렘 함락에 대한 보도로 끝난다. 주전 10세기로 추정되는 시대의 블레셋 가드를 언급하고 있기는 하지만(비교, 삼상 17장; 21; 27; 삼하 15장), 사무엘하 2장 1-4절에서 다윗의 대관식이 거행되었다고 하는(비교, 삼하 2:11; 5:5; 왕상 2:11) 초기철기 IIA 시기의 도시 헤브론(Ğebel er-Rumēde)은 거주 흔적은 전혀 없는 상태이다.

만약 다윗왕에 대한 역사적 알맹이를 찾고자 한다면, 아마도 블레셋과의 충돌과 예루살렘 함락을 살펴야 할 것이다. 왜냐하면, 중부 산악 지대에 유일하게 남아 있는 후기청동기 시대 도시가 예루살렘이기 때문이다.

예루살렘은 이스라엘 정착 이전인 금석병용기(약 주전 4500)부터 정착이 이루어졌다. 예루살렘은 늦어도 중기청동기 IIB(약 주전 1700년)부터 성벽을 둘렀으며 기념비적인 두 망대로 안전하게 보호된 수원을 가지고 있었다. 주전 19/18세기 소위 이집트의 '추방 문서'는 이 도시를 언급하고 있다(HTAT 03). 주전 14세기 〈아마르나 서신〉은 아브디-헤파(*Abdi-Ḥepa*)라 이름하는("[여신] 헤파의 시종", HTAT 057-060) 예루살렘 왕을 소개한다.

예루살렘이 어떻게 이스라엘의 통제하에 들어갔는지 불명확하다. 성경이 표면적으로 묘사하는 바와 같은 다윗 시대의 군사적 점령(삼하 5:6-8)은 비교적 개연성이 적다. 주전 10세기경 예루살렘은 결코 큰 도시가 아니었고, 오히려 작은 통치좌(座)가 있는 곳이었다.

일부 고고학자들은 예루살렘의 소위 '계단식 석조 구조'(stepped stone structure)를 근거로(지도 2) 다윗 시대의 대제국 상(想)을 확고히 하려 한다. 왜냐하면, 27x50 미터의 기념비적 구조물은 대형 행정청을 가리키고 있기 때문이라고 한다(E. Mazar).

그러나 "다윗성"이라고 일컫는 남동부 언덕 건축물은 그 핵심에 있어서 다윗 이전 시대(주전 12/11세기)에 기원하며(추측건대, 하스모니아 시대에 이르기까지) 오랜 시간을 거치는 동안 확장되었다. 설령 일부 고고학자(O. Lipschits/I. Finkelstein)처럼, 주전 10세기의 예루살렘을 남동부 언덕이 아니라 성전산에 위치시킨다고 하더라도, 다윗 시대의 예루살렘은 최대 2천 명 거주민을 가진 작은 통치좌였다는 것에는 의심할 여지가 없다(H. Geva).

다윗은 예루살렘 도시의 왕이었으며, 후기청동기 시대의 동일명의 도시국가 경계 내에 있던 지역을 다스렸다(지도 1). 〈아마르나 편지)에 도시국가의 왕 아브디-헤파는 그가 오십 명의 병사로 지배지역을 통제할 수 있다고 기록되어 있다(HTAT 80). 추측건대, 다윗 지배하에 예루살렘 역시 이와 다를 바가 없었을 것이다.

6. 솔로몬과 고대 오리엔트(주전 10세기)

솔로몬도 다윗처럼 40년간 다스렸다고 한다(왕상 11:42; 비교. 2:11). 다시 말하면, 실제 통치 시기는 구약성경 저자에게는 알려지지 않았다는 뜻이다. 1960년대 연구는 하솔, 므깃도, 게세르의 기념비적 건축물들은 '솔로몬의 대제국'과 연관시켰다(왕상 9:15; Y. Jadin). 하지만 점차로 솔로몬 왕국이 일찍이 다윗의 통치 지역이라고 여겼던 곳의 경계선을 넘지 않았다는 것이 기정사실로 되었다.

솔로몬 시대는 메소포타미아와 이집트에 새로운 지배자가 권력을 차지하는 시기였다. 주전 11세기 중기 아시리아 왕국 붕괴 이후, 앗수르단 2세(주전 935-912)는 신아시리아 왕국 건설에 착수했다. 신아시리아 왕국은 주전 9세기 살만에셀 3세 때 남부 레반트 내륙까지 확장했다. 이집트의 영토병합 국면은 좀 더 이른 시기에 시작되었다. 주전 1077년 람세스 왕조의 붕괴 이후, 쉐숑크 1세(주전 943-923)는 이집트를 재통일하는 데 성공했다. 그에 의해 시작된 제22왕조는 주전 1077년경 리비아 통치자들이 창립한 제21왕조에서 기원한다. 당시 북쪽의 도시 타니스(Tanis)와 남쪽의 도시 테베(Thebe)가 이집트의 정치적, 종교적 중심지였다. 그래서 주전 11세기와 10세기초 동안 파라오들의 외부정치는 적극적이지 않았다.

솔로몬의 통치 시대에 이집트 제21왕조의 마지막 왕의 선대왕이 시아문(주전 978-959)인지 여부가 논쟁이다. 일부 연구자는 솔로몬과 시아문 간의 직접 접촉이 있었다고 생각한다. 왜냐하면, 열왕기상은 솔로몬이 '파라오의 딸'과 결혼했다고 보도하기 때문이다(K.A. Kitchen; 왕상 3:1; 7:8; 9:16, 24; 11:1).

물론, 이 본문들은 파라오나 그 딸의 이름을 말하지 않아서 그 이상 더 정확한 정보를 알 수 없다. 파라오의 딸에 대한 짤막한 기록은 솔로몬을 영향력 있는 왕으로 서술하는 역사 보도 속에 있다. 솔로몬의 광범위한 무역 관계와 외부 세계와의 접촉에 대한 보도(왕상 9-10장)의 역사적 배경은 아시리아 시대, 즉 주전 8/7세기 상황이다.

고고학적으로 주전 10세기의 공고한 국제 무역이 입증된다. 하지만 솔로몬 왕국이 이에 참여하지는 않았다. 일찍이 주전 11세기에 구리 무역의 재개가 있었다. 아라바(Araba, 오늘날 요르단)의 고대 구리광산 와디 페이난(Wadi Feinan)과 남쪽으로 떨어져 있던 팀나(Timna)에서 구리 생산이 시작되었다.

구리는 육로로 페니키아와 블레셋 해안 도시로 운반되었고, 이 해안 도시에서 다시 그리스까지 이르렀다. 주전 950-750년으로 편력되는 그리스 삼각대에 관한 야금술 연구는 이 기구에 사용된 구리가 요단 동편 와디 페이난에서 비롯되었다는 것을 보여 준다(K. Kiderlen).

페니키아 도시 시돈의 유물 연구 결과도 이와 비슷하다. 시돈 토기는 키프로스의 것이지만, 그들의 구리는 시내산 구리광산에서 수입되었다.

반(半)유목민 부족이 시내산 구리광산을 경영했고, 네게브에 이와 비견된 그룹(*Hirbet e-Mšāš* / *Tel Mašos*)과 접촉을 해 왔다는 논지가 맞다면, 아라바에서 네게브 무역로를 경유하여 블레셋 도시와 페니키아 해안 도시까지 이르고, 거기서부터 다시 지중해를 거쳐 에게해까지 들어오는 무역로를 재구성할 수 있을 것이다.

또한, 이 논지는 이 무역로를 따라서 이집트 토기가 발견되었고 쉐숑크 1세 시절 와디 페이난 구리광산에서 구리를 집중적으로 채굴했다는 사실과 아주 잘 어울린다.

이집트의 인장 호신부(Amulett, '람세스 이후 대량 생산', 역주-장식용으로 사용되던 액막이 용품) 역시 주전 10세기 남부 레반트와 이집트 간의 연결을 입증해 준다. 인장에 새긴 모티브(도안) 일부는 이집트 원산지를 추측건대 타니스의 아문 신전을 말하지만, 다른 일부는 남부 팔레스타인 가자의 고대 신전에서 온 것임을 말한다.

다시 말하면, 솔로몬 시대의 이집트와 남부 레반트 간 무역 관계와 에게해까지 미치는 무역 확장은 입증될 수 있으나, 이 모든 사실이 자동적으로 예루살렘이나 솔로몬이 이 무역에 참여했다는 것을 말해 주지는 않는다. 오히려 쉐숑크 1세의 팔레스타인 원정은 주전 10세기 예루살렘과 그 도시의 왕은 그 어떤 초지역적 의미를 지니지 않았을 뿐만 아니라, 당대의 국제 무역길에도 참여하지 않았음을 입증한다.

7. 쉐숑크 1세의 팔레스타인 원정과 솔로몬의 건설 정책 (주전 10세기)

주전 10세기 고대 오리엔트제국이 공고해지자 이집트는 람세스 왕조의 종말 이후 적극적인 외교 정책을 생각해 볼 수 있게 되었다.

파라오 쉐숑크 1세(주전 943-923)는 이집트를 정치적으로 통합한 후, 통치 말엽 남부 레반트 지역으로 진군한다(대략 주전 926/25). 몇몇 연구자는 쉐숑크 1세가 (옛날 람세스 시절 패권을 세워 보려 했다고 가정한다. 하지만 쉐숑크 군대의 이동 경로는 그에게 중요했던 것이 무역로였다는 것을 보여 준다. 네게브 광야로 통하는 교역로와 해안길(Via Maris)이 그의 관심사였다.

므깃도에서는 쉐숑크 1세의 이름이 새겨진 큰 석비 파편이 발견되었다. 이것은 쉐숑크 1세가 (예컨대, 고대 이집트의 수비대 도시인 벳스안이 아니라) 므깃도를 정치적 중심지로 삼기 원했다는 것을 알려 준다. 이에 대한 근거는 해안평야의 중요성에 있다. 해안평야는 블레셋이 통제하는 육상 무역과 페니키아가 통제하는 해상 무역이 교차하는 지점이다.

이스라엘 왕정사에서 중요한 의미가 있던 도시들이 눈에 두드러진다. 아다마(Nr. 56), 브누엘(Nr. 53), 숙곳(Nr. 55), 마하나임(Nr. 22), 티르차(Nr. 59)를 들 수 있다. 예루살렘은 언급되지 않는다. 마찬가지로, 파라오의 군대는 유다의 다른 지역도 전혀 주목하지 않았다. 이것은 유다가 솔로몬이 죽은 직후(열왕기상 14장 25절은 솔로몬의 후계자 르호보암 재위 5년 이집트군의 원정을 말한다) 예전처럼 별 중요성이 없었다는 것을 지지한다. 이집트 파라오의 관심을 끌 만한 그 어떤 내놓음 말한 영향력이나 통치영역도 없었다.

솔로몬이 광범위한 무역 연락망이나 이집트와의 직접 관계가 없었다면, 솔로몬에 대해 무엇을 말할 수 있겠는가?

성경 본문은 예루살렘 성전 건축과 솔로몬을 연결한다. 열왕기서의 보도에 따르면, 성전은 (옛 시절부터 있던 건물터 위에) 시리아 스타일의 세 부분으로 나뉜 장방형 구조로 건설되었다.

열왕기상 6-7장은 이 사원의 용적을 과장해서 묘사한다. 만일 그 치수를 있는 그대로 적용한다면 레반트에서 가장 큰 사원일 것이다. 그 묘사에 따르면, 아타롯, 벧스안, 펠라(Ṭabaqāt Faḥil), 텔 아피스(Tell 'Āfīs)와 텔 타이나트(Tell Ta'yīnāt)에 있던 철기 시대 신전들보다 확연하게 더 거대했다. 이런 대건축은 솔로몬 시대의 예루살렘 도시 왕정의 경제력을 월등히 초과했을 것이다.

건축술을 볼 때 솔로몬 성전과 제일 많이 닮은 텔 타이나트(Tell Ta'yīnāt) 신전은 주전 9세기 내지는 8세기 초의 것이다. 그러므로 예루살렘 성전을 주전 10세기 솔로몬과 연결하고 그 건물의 부대시설을 더 정확하게 규정하려는 모든 시도는 주의해야 한다.

그럼에도 불구하고 솔로몬 통치 때 성전 건축이란 논지를 확고히 하려 한다면, 그 건축이 사실상 무엇을 암시하고 있는지를 열왕기상 5장 15-26절과 9장 10-14절에서 그 참조점을 찾을 수 있어야 한다. 이 두 본문 현 상태는 주전 7세기 이전에 형성된 것이 아니다.

두 본문이 언급하기로는, 솔로몬이 두로의 도시 왕 히람으로부터 백향목을 구매했고, 그 값으로 생활필수품(밀과 기름)을 주었다. 이 기록은 이미 언급된 이집트의 〈벤아문 이야기〉와 잘 맞물린다. 이 이야기는 백향목 무역이 페니키아인들에 의해 통제되었고, 벤아문은 신전 건축을 위해 나무를 확보했다(*HTAT* 100). 이는 열왕기상 5장과 9장의 역사적 핵심 내용이다. 물론, 이 핵심 내용은 솔로몬이 히람에게 갈릴리의 스무 개 도시를 떼어 주었다(왕상 9:11-13)는 것과는 관계가 없다.

만일 그렇다면 솔로몬이 갈릴리 지역을 자기 통제하에 넣었다는 것을 전제로 한다. 하지만 솔로몬 시대의 서술은 이를 말하고 있지 않다. 한 가지 분명한 것은 솔로몬은 옛 산성 예루살렘의 도시 왕으로, 후기청동기 시대 도시국가 예루살렘의 경계를 넘지는 않았지만, 본질적으로 다윗의 통치권역을 통제하고 있었다는 것이다.

다윗성 남쪽에 성전 건축으로 인해 페니키아와의 교류가 불가피해졌다. 왜냐하면, 건축 목재와 열왕기상 6-7장이 나열하는 또 다른 자재들은 페니키아에서만 생산되었기 때문이다.

8. 요약

'이스라엘'은 메렌프타 석비(주전 1208)에 의히면, 쉐숑크 1세의 팔레스타인 원정(주전 926/25)까지 주변 집단에 불과했다. 이스라엘은 인적 집단으로 (팔레스타인 이집트 도시 주변) 평야에 살았고, 후기청동기 도시 문화가 몰락할 무렵 산지에 정착했다. 그들의 산지 생활은 이집트의 통제에서 벗어나 있었다.

시간이 흐름에 따라 작은 정착촌들의 연합체가 결성되었고, 이로부터 사울 (지파) 왕정이 태동했다. 산지에 있었던 일부 후기청동기 도시들은 예루살렘의 경우처럼, 성경 본문에 따르면 팔레스타인 남부에서 활약했던 다윗의 지배를 받게 되었다. 후기청동기의 예루살렘은 이미 행정 중심지로 그 영역이 광범위했다. 하지만 예루살렘 자체는 이렇다 할 정치적 중요성이 없었다.

예루살렘을 이스라엘의 도시로 삼은 것은 다윗의 공적이지만, 한때 축성된 도시 예루살렘을 종교 중심지로 확장한 것은 솔로몬의 업적이다. 성전 건축을 위해 페니키아인들과의 교역은 필수적이었다. 페니키아에서만 유일하게 중요 목재인 백향목을 벌목할 수 있었다.

그러나 이 사건은 솔로몬이 광범위한 교역을 했다는 것을 의미하지는 않는다. 오히려 페니키아인들은 해로로, 블레셋인들은 육로로 무역길을 통제하고 있었다. 그 육로는 남으로 이집트, 동으로 아라바 광산 지역까지 연결되어 있었다. 솔로몬 왕국은 이 무역길에서 벗어나 대제국들의 관심 밖에 있었다.

제2장

이스라엘과 유다: 사마리아 점령까지
(주전 926/925-722/720)

다윗과 솔로몬 이후 북왕국 이스라엘과 남왕국 유다로 분열된다(왕상 12장). 역사적으로 엄정하게 본다면, 왕국 분열은 다른 양상을 띤다. 다윗과 솔로몬이 북쪽 지역을 통치한 것은 아니었다. 오히려 두 단일체의 왕국이 나란히 출발했다.

북쪽 지역은 후기청동기 도시국가 세겜의 영역이나, 주도(主都)였던 세겜은 여전히 파괴된 채 있었다. 남쪽에는 후기청동기 도시국가 예루살렘이 있었다(지도 1). 북쪽 지역은 주전 10세기에 재(再)도시화가 이루어졌는데, 그 영향은 주전 9세기 오므리 왕정에도 미쳤다. 세겜(Tell Balāṭa)의 철기 IIA 지층의 작은 정착촌은 세겜 파괴 이후 대략 150년이 지나서 새로운 도시로 세워지고, 얼마 후에 한 도시에 의해 대체되었던 흔적을 보여 준다.

물론, 구약성경은 이에 대한 어떤 정보도 제공하지 않는다. 성경의 역사서술은 유다에 관심이 크다. 이에 주전 4/3세기 역대기서는 이스라엘 왕국을 더 이상 언급하지 않는다. 역사적으로는 이와 정반대 그림이 나타난다. 북쪽 이스라엘 왕정은 역사적 중요성을 차지했지만, 남쪽 유다는 북왕국이 멸망한 주전 722/720년 이후에야 개화기를 맞이했다.

1. 고대 오리엔트와 신아시리아 서부 팽창

이스라엘 왕국의 역사는 고대 오리엔트의 정치적 배경 속에서 조망해야 한다. 후기청동기 시대에는 이집트가 남부 레반트를 주도했다면, 이스라엘과 유다 왕국의 정황은 아시리아인들에 의해 규정되었다.

신아시리아 왕들의 서부 팽창은 당시까지 북부와 남부 레바트의 자주 도시국가들과 지역 왕정들의 동맹체 결성을 유발했다. 약 200년의 넘는 기간 동안, 신아시리아 왕들은 항상 반복되는 반(反)아시리아 연합과 부딪쳤다. 물론, 이런 연대가 아시리아의 진군을 멈출 수는 없었다. 신아시리아가 주전 7세기 이집트로 진군하자 신바빌로니아가 이 틈을 타 아시리아 핵심 영토를 침입하려 했을 때 아시리아는 남부 레반트에서 철수했다.

아시리아 왕 티글라트필레세르 1세(주전 1117-1077)는 팽창의 서막을 알렸다. 그는 히타이트 영토에 발을 들여놓으면서 지중해까지 진군했고 해안 도시 시돈, 비블로스, 아르왓트(TUAT I/4, 356f.)에서 엄청난 조공을 받았다. 영토 팽창은 아주 짧은 기간에 이루어졌다.

그 이후 주전 10세기에서 9세기, 아다드네라리 2세(주전 911-891) 통치하에 서쪽 대팽창 움직임이 개시되기 전까지 무력한 통치자 몇몇이 왕위를 이어 갔다. 아다드네라리 2세는 바빌로니아와 아람 원정을 감행했고, 점령 지역에 아시리아 국가 행정을 도입시켰다. 그의 후계자는 이 팽창 정책을 지속하여 조공의무가 있는 점령지 내에 행정체계를 체계화했다.

투쿨티-니무르타 2세(주전 891-884)와 앗수르나시르팔(주전 884-859) 재위 시절, 북시리아와 킬리키아 대부분이 복속되었다. 살만나싸르 3세(주전 859-824)는 제국을 서부와 남부로 팽창시켰다. 신아시리아 왕의 비문은 그가 주전 853년에서 838년까지 남시리아를 6회 원정했다고 보도한다(*HTAT* 106-114).

아람인들의 도시국가들, 특히 다마스쿠스는 주전 9세기 후반부 아시리아 팽창의 소강 국면을 이용했다. 신아시리아의 팽창 정책은 티글라트필레세르 3세(주전 745-727) 시절 그 정점에 도달했다.

그는 거의 모든 근동 아시아를 지배했는데, 빈틈없이 구조화된 봉신 체제를 구축하고 이 체제는 국가신 아슈르(Aššur)의 우주적 권한에 따른 것이라고 말했다. 봉신은 조공을 바쳐야 했으며, 이에 불응하거나 패권에 도전할 경우 처벌로 강제 추방, 통치권 교체 또는 해당 지역의 아시리아 행정주 편입을 했다.

타협을 불허하는 이러한 정책은 경제적 목적을 위한 행정체계 설립을 동반했다. 정책과 행정체계는 괄목할 만한 문화적 발전을 낳았다. 아시리아인들의 지배하에 남부 레반트 도시들은 확장되었고, 무역길이 현격히 국제화되었다.

주전 8세기와 7세기 아시리아 팽창 정책이 정점인 시기, 페니키아인들의 교역은 지중해에서 남부 스페인으로 확대되었다. '탐카루'(tamkāru)로 불리는 신아시리아가 세운 무역상이 북부와 남부 레반트에서 초지역적 무역 대리인으로 활동했다. 열왕기상 10장 28-29절의 솔로몬 기사는 이들의 활동을 문학적으로 사용했던 것으로 보인다. 이 구절은 솔로몬 왕을 이집트, 남부 레반트와 북시리아 유역의 큰 무역상으로 그리고 있다.

신아시리아와 더불어 아람은 쉐숑크 원정(주전 926/25)을 기점으로 사마리아 함락까지 이스라엘과 유다 역사에서 중요한 위상을 지닌다. 주전 10세기와 9세기에는 유프라테스에서 남부 시리아까지 지역 왕정과 아람의 소도시국가가 생겨났다.

북쪽의 페니키아 도시들은 남쪽의 블레셋 도시들로 인해 팽창하지 못했던 것에 반해, 아람은 변덕스러운 정치 파란을 자신들의 목적을 위해 잘 이용했다.

주전 9세기 아람-다마스쿠스가 세력을 차지하고 게네사렛 호수의 그술, 베트-르홉와 아벨-베트-아마가를 복속했다. 이 사건으로 이스라엘은 여로보암 1세(주전 927/26-207) 시절의 "벧엘에서 단까지"라던 영토 경계를 더 이상 주장할 수 없게 되었다. 열왕기상 12장 19절에 따르면, 벧엘과 더불어 국가 성소가 세워졌던 성경의 단 (Tell el-Qāḍī)은 겨우 주전 8세기 초반까지만 이스라엘 영토였다.

2. 이스라엘 왕국과 오므리 통치

고대 오리엔트의 네 가지 자료는 주전 9세기 이스라엘 왕국의 역사를 재구성할 수 있도록 한다.

- 모압 왕 '메사 석비'
- 살만나싸르 3세의 연보
- 주전 841년 '검은 오벨리스크'
- 1993년 발견된 델-단 비문

이 네 본문과 고대 오리엔트 역사와 고고학 출토물을 연결해 보면, 주전 880년경 오므리 왕가의 영토 확장에서부터 신아시리아 세력 증강, 그리고 30년 후 아람 왕 하사엘의 강성기까지 사건들의 순서를 알 수 있다.

아람 왕 하사엘은 대략 주전 830년경 아시리아 쇠퇴기를 이용하여, 이스라엘과 (추측하기로) 북왕국에 의존하던 예루살렘의 다윗 왕조 왕들에 대항하여 약진했다(비교, 왕상 22).

요단 동편 디본(Dībān)의 '메사 석비'는 오므리왕 치세하 이스라엘의 팽창을 말한다(*HTAT* 105). 오므리는 아람과 아시리아가 상호 상쇄적 대결을 하던 상황을 이용하여, 요단 동편 모압으로 세력을 팽창시킨다. 모압의 국신 그모스의 신전 비문은 오므리와 그의 후계자들이 지배했던 일련의 장소를 언급한다. 이 장소들 중에 야하스(Jahas)가 언급되는데, 이 도시는 모압 북쪽의 히르베트 엘-무데이네(Ḥirbet el-Mudēyine)와 동일시되며, 주전 9세기 포곽 성벽에 6실 성문 구조로 요새처럼 준설된 도시이다.

이를 통해 오므리 시대의 고고학적 특성 두 가지를 언급할 수 있다. 당시 요새와 궁전의 부대시설이 준공되었다. 므깃도, 하솔, 게셀(6실 성문 구조)에 그런 기능성 건축물이 있었지만, 아쉬도트, 라기쉬, 텔-마로트(Tell-Malot), 티르사(Tell el-Fāra'a), 텔 엘-카실레(Tell el-Qasīle)에서는 발견되지 않았다.

물론, 이 모든 건축물이 오므리와 연결되었다고는 할 수 없다. 도르(Dor)의 기능성 건축물은 오므리 시대의 특성들을 나타내고 있지만, 철기 IIA의 고고학 발견물은 종전처럼 페니키아가 도르를 통제하고 있었음을 말한다.

오므리는 사마리아를 이스라엘 왕국의 수도를 삼았다(왕상 16:24). 지리적으로 사마리아는 동서로는 해변길과 연결되어 교역에 유리한 위치에 있었으며, 남쪽(예루살렘)과 북쪽(벧스안)으로 접근할 수 있는 축선에 있었다. 철기 I기 사마리아의 정착 흔적은 없다. 하지만 오므리 시절, 큰 마름돌과 (후기에 덧붙여진) 포곽 성벽을 갖춘 대규모 궁전 복합시설이 만들어졌다.

오므리 이전 시대부터 사마리아는 농경 중심지로 그 중요성이 여전했다. 남부 사마리아 산지는 포도와 올리브 가공의 중심지였다. 사마리아 궁궐은 2.4헥타르를 차지하는데, 이 면적은 오므리 통치권 내 다른 도시(세겜, 티르사, 브누엘, 이스르엘)의 궁궐 규모보다 크지 않았다. 이것은 오므리 왕정은 여러 지역으로 번갈아 움직이며 통치했다는 것을 말해 준다(H. M. Niemann).

하지만 농경제 중심지인 사마리아가 행정 중심지로 건설된 것이 도시 확장사업과 함께 이루어졌다고 볼 수는 없다. 확실한 것은, 오므리가(家) 왕들이 고대 오리엔트 정치 무대에서 중요한 자리를 점했다는 것이다.

이스라엘 왕국은 경제적으로도 국제적 연결점을 찾았다. 값비싼 페니키아 상아 가공품이 사마리아에서 발견되었는데, 이것은 북왕국의 원거리 무역 접근이 가능했으며, 시리아-팔레스타인 전통의 영향하에 있었음을 말한다.

이 상아 세공품을 열왕기상 22장 39절의 '상아궁'과 연결한다면, 이 세공품은 오므리 시대의 것이라고 말할 수 있다. 아마도 이 세공품은 여로보암 2세(주전 787-747) 때, 원거리 교역에서의 포괄적 교류의 일환으로 만들어진 것일 것이다. 여하튼 이스라엘 왕국은 오므리가(家)의 통치하에서 최초로 고대 오리엔트 세계의 완전한 일원이 되었다.

또한, 영토적 팽창을 주목해 본다면, 오므리가(家)는 성경 내러티브가 솔로몬과 접목했던 '지정학적 플레이어'가 되었다. 오므리 왕조는 예루살렘 서기관의 역사관에 맞는 그림이 아니었기에, 그 역사적 의의가 평가 절하되었다. 따라서 오므리 왕조는 성경 역사서에서 대적자와 겨루었던 불안정한 왕조로 짧게 서술되었다(왕상 16:21-22).

3. 주전 9세기 신아시리아, 아람, 이스라엘

'메사 석비'의 트랜스요르단 땅 보도에서 오므리 왕가의 통치영역 축소는 신아시리아의 서부 팽창과 결을 같이한다. 살만나싸르 3세(주전 858-824)가 신아시리아의 통치자로 등극하자, 그는 자신의 전력을 다해 남서부로 돌진한다.

신아시리아 왕의 비문이 상세히 보도하듯이(*HTAT* 106-110) 여러 번의 원정에서 반(反)아시리아 연합과 충돌이 발생한다. 주전 853년 카르카르(Qarqar) 전투에서 살만나싸르 3세는 다마스쿠스의 하다드에셀이 이끄는 군대와 격돌한다. 이 전투에 참전한 왕들의 명부 제3열에서 "이스라엘의 아합"의 "병거 2000승과 보병 1만명"이 언급된다(*HTAT* 106, 91-92줄). 이 숫자는 전혀 역사적으로 일치하지는 않지만, 아합이 왕들 중 가장 큰 병거 부대를 동원했다.

신아시리아 왕의 비문 서술과는 반대로, 카르카르 전투는 살만나싸르 3세의 승리로 끝나지 않았다. 오히려 그는 15년 이상의 기간 동안 좀 더 이른 시기의 비문에는 "바다의 열두 왕"이라고 지칭되는 반아시리아 연합군과 격전을 치러야 했다. 주전 841년의 한 비문은 여기 이 사건에 사마리아 왕도 개입했다는 사실을 분명히 해 준다.

살만나싸르 3세의 다마스쿠스 원정 보도는 "두로와 시돈의 조공"과 "예후에 대한 비트 훔리(Bīt Ḥūmrī)의 조공"을 말한다(HTAT 112, 25-27줄). 같은 해 살만나싸르 3세의 '검은 오벨리스크' 묘사는 이와 일치한다. 오벨리스크 두 번째 목록에 예후왕이 묘사되어 있으며, "예후에 대한 비트 훔리의 조공"이라고 쓰여 있다(HTAT 113, 책 표지).

예후와 "오므리 집"(Bīt Ḥūmrī)의 연관성은 설명이 필요하다. 성경 기록에 따르면, 예후(주전 848-818)는 오므리 왕가의 혈통이 아니다. 또한, 그는 쿠데타를 일으켜 오므리 왕조의 마지막 통치자 요람(주전 851-845?)을 죽였다(왕하 9:24).

열왕기하 9-10장의 보도는 종교 프로파간다적 성격을 띤다. 이 보도는 예후를 오므리 왕조의 바알 제의에 맞선 전사로 묘사한다. 또한, 그가 사악한 왕비 이세벨을 창문 밖으로 던져 죽게 함으로 역사의 극적 전환이 일어난다.

주전 841년 살만나싸르 3세의 원정에 대한 보고가 알려 주는 바와 같이 이 맥락의 역사는 단순하다. 예후와 아람 사람들, 즉 다마스쿠스의 하사엘과 연결이 있었다(HTAT 112). 예후의 권력 찬탈은 아람의 서부 팽창 맥락에서 보아야 한다. 예후는 하사엘의 봉신으로 임명된 후, 그는 그의 아버지의 이름을 따라(왕상 19:16; 왕하 9:20) 님시 왕조를 창립했다는 사실이 비문에서 증빙된다(사마리아 오스트라콘, Tell Rehov의 비문).

살만나싸르 3세가 예후를 '오므리 집'과 연결시킨 것은, 오므리 왕조가 이전과 마찬가지로 여전히 이스라엘 밖에서는 인정받는 정치적 실체였음을 말해 준다.

아람과 이스라엘의 연결은 주전 9세기 이스라엘 역사에서 중요한 '텔-단 비문'을 통해 이해할 수 있다. 이 비문은 남부 레반트 안쪽까지 진격한 아람 왕 하사엘(대략 주전 843-803)과 관련이 있다. 쉐펠라 지역과 해안평야 지역의 여러 파괴 흔적은 하사엘의 원정을 말해 주고 있다.

'텔-단 비문'은 그가 이스라엘과 유다 왕에 맞서 진격했다는 것을 입증한다. 이 비문은 한 "이스라엘의 왕"과 한 "다비드 집의 [왕]"(*HTAT* 116, 8-9)을 언급한다. 이 파편 본문의 첫 번째 인물은 "[아합]의 아들, [요]람"을, 두 번째 인물은 "[아하시]야"를 다루고 있음을 추측게 한다(*HTAT* 116, 6-8).

주전 9세기 후반부, 모두 오므리가 창설한 왕국에 충격을 가하는 세 가지 정치적 격변이 있었다. 요단 동쪽 지역이 떨어져 나가고(메사 석비), 살만나싸르 3세가 남부 시리아 지역을 복속한다(예후의 조공), 그리고 다마스쿠스의 하사엘은 남방 정책을 취한다. 이런 요인들은 한편으로는 아람과 다른 한편으로는 이스라엘 왕국과 유다 왕국 사이의 분쟁을 유발한다. 아람과의 충돌은 성경 문헌 속에 기록되어 있다(왕상 19:15; 20; 22; 왕하 5-8장).

4. 주전 9세기와 8세기 유다 왕국

트랜스요르단 땅을 향한 오므리 왕조의 영토 확장은 북쪽 왕들과 남쪽 왕들의 관계가 어떠했는지 질문하게 한다.

오므리 왕조가 예루살렘, 유다와의 마찰 없이 서쪽과 남쪽을 대규모로 팽창했다고 상상할 수는 있을까?

성경 기록은 오므리 왕가와 예루살렘 통치 간 여러 다양한 관계를 증명한다. 왕의 딸 아탈랴는 오므리 왕가의 여인(왕하 8:18, "아합의 딸"; 왕하 8:26, "오므리의 딸")으로, 예루살렘 왕 요람과 결혼했다. 예루살렘의 요람왕은 같은 이름을 가진 사마리아의 왕과 동시대에 재위했다. 북쪽과 남쪽에서는 각각 아하시아와 요아스로 이름하는 왕이 권력을 가지고 있었던 것도 이와 마찬가지이다.

이런 일치는 유다와 이스라엘에 동일한 왕이 재위했고, 유다는 이스라엘의 "분국"(分國, Filialkönigtum, C. Frevel)이었음을 말해 준다고 할 수 있지 않을까?

사마리아와 예루살렘의 왕들 간의 친족 관계가 불명확하지만 남쪽 왕 요람, 아하시야, 요아스는 실제 북쪽의 같은 이름을 가진 왕들과 동일 인물이란 주장은 증거가 있어야 할 것이다. 명확한 것은 여호사밧(주전 868-847) 이후 남쪽 왕들은 약 100년간(요담, 주전 756-741) 성경이 "베일에 감춘, 북왕국과의 봉신 관계"에 있었다(H. Donner)는 것이다. 물론, 정치적 상황과 통치자에 따라 이 관계는 느슨하기도 하고 밀접하기도 했다. 요아스의 경우, 사마리아와 예루살렘은 동일인 연맹체를 이루고 있었다.

'텔-단 비문'는 대략 830년에는 "이스라엘 왕"과 "다윗 집의 왕"이 병존했음을 입증한다. 이것은 이스라엘과 유다가 같은 위상에 서 있지 않음을 지적한다. 주전 9세기 이스라엘에는 강력하고 영향력 있는 왕정이 존재했던 반면, 예루살렘은 주전 10세기 때처럼 여전히 도시 왕이 다스리던 체제였다.

고고학 출토물은 이와 일치한다. 예루살렘과 유다의 문화 발전은 북쪽에 비해 대략 30년에서 50년 정도 늦었다. 이런 사실은 예루살렘의 기념비적 건축과 맥을 같이한다. 계단식 구조를 한 남동부 언덕(계단식 석조 구조)은 정밀하게 계단식으로 된 포석(鋪石)으로 둘러싸여 있는데, 상층부는 40미터 폭에 33미터 길이를 하고 있다

거의 동시에 유다 내 도시 증축과 서남부로의 확장이 있었다. 쉐펠라의 벤쉐메쉬와 라기쉬(지층 IV), 그리고 남쪽 아라드(지층 11)는 요새화되었다. 여기에 텔 부르나(Tel Burna)의 포곽 성벽과 텔 엘-헤시(Tell el-Ḥesi)의 설비를 포함하면, 유다 서쪽뿐 아니라 남쪽 경계가 확장된 것이다.

블레셋 지역으로의 팽창은 아람 왕 하사엘이 대략 830년경 블레셋의 메트로폴 가드(Tell eṣ-Ṣāfi)와 해안평야의 여러 지역(Tell el-Fārʿa[남], Tel Sera)을 파괴한 이후에야 가능했을 것이다. 유다의 관심은 가자에서 텔 엘-헤시(Tell el-Ḥesi)가 위수했던 라기스까지, 네게브로 통한 원거리 무역로의 교역을 통제하는 데 있었다. 왜냐하면, 주전 9세기 중반 아라바의 구리 무역은 중단되었지만, 남쪽으로 향한 무역로는 여전히 중요했다(E. Ben-Yosef/O. Sergi).

고고학 발견물을 살펴보면, 교역 지역 깊숙이까지 유다의 팽창은 이스라엘의 참여 없이는 이룩할 수 없었음을 보여 준다. 가데스바네

아 남쪽, 대략 50킬로미터 정도에 홍해 엘랏으로 향하던 옛 교역로에 주전 8세기 초의 한 교역소(Kuntilet 'Aǧrūd)가 발굴되었다. 이 교역소는 마치 요새처럼 방비되어 큰 뜰을 가지고 있었다.

발굴자들은 종교사적으로 중대한 글자가 적힌 대형 저장 항아리를 발견했다. 이 항아리에서 이스라엘의 하나님 야웨와 여신 아쉐라(시리아-팔레스타인 종교의 주요 여신)가 동일 선상에서 언급되었다. 이 글귀는 명확히 구약성경의 반(反)아세라 논쟁과 대립한다(비교, 왕상 14:15; 15:13; 왕하 17:10; 18:4).

이 비문의 고서체뿐만 아니라, 도기 유형과 탄소 동위원소(^{14}C) 측정가는 이 설비를 주전 8세기 초의 것으로 본다. 벽화와 저장 항아리 그림은 페니키아의 영향을 보게 한다. "사마리아의 야웨"는 북쪽을 지시하고 있다.

이 교역소는 주전 8세기의 일사분기까지 존속했으며, 페니키아인들의 도움으로 마련된 홍해 해상 무역과의 연결 선상에서 생겨난 듯하다(Ezjon Geber/Geziret Far'ūn). 쿤틸렛 아주르드에서 발견된 유다 도기를 감안해 보면, 유다가 교역정치에 중요한 이 사업에 참여했을 것으로 보인다.

유다적 시각에서 기술한 열왕기상 1장의 문학적 서술은 뜻밖에도 이 사실을 확인해 준다. 열왕기상 22장 49-50절에 따르면, 유다 왕 여호사밧(주전 868-847)은 오므리 왕가의 원거리 교역 제안을 거절했다.

주전 9세기 유다 왕정과 다윗과 솔로몬 시대를 연결해 보면, 유다에서 '국가'의 구성요소, 즉 중앙 행정과 도시 확장은 예루살렘의 통치자들이 사마리아 왕들과 밀접한 관계를 맺은 시점에서야 입증될 수 있다.

오므리 왕가의 정책은 남왕국 유다의 문명 발전에 촉매제가 되었으며, 주전 9세기 후반부 아람 하사엘의 팽창 정책에서 유다의 발전은 또 한 번 진흥되었다. 주전 10세기 다윗과 솔로몬 시대와 별반 차이가 없는 주전 9세기 시작 무렵에 도시 예루살렘 왕들은 그들이 최소한의 영향을 줄 수 있는 부분에서 발전의 수혜자들이 되었다.

교역소는 이런 수혜가 경제적으로 중요한 교역로 통제와 관계할 뿐이었다는 것을 보여 준다. 왜냐하면, 유다 서쪽과 남쪽의 요새 건축은 예루살렘 왕들이 독자적으로 그 무역길을 통제할 수 있었다는 것을 의미하는 것은 아니기 때문이다. 오히려 그 무역길은 이스라엘 왕들에 의존해 있었다.

고대 오리엔트 통치자들이 인식할 만한 왕국으로 유다의 지위 격상은 100년 이후에야 이루어졌다. 주전 738년 '텔-단 비문'는 더 이상 "다윗 집의 왕"이 아니라, "유다의 왕"으로 이를 입증해 준다.

5. 주전 8세기 이스라엘과 국가 확장

신아시리아 제국의 확장 도모가 주전 824년 살만나싸르 3세의 사망으로 잠잠해진 후, 아다드네라리 3세(주전 810-738)는 아시리아의 옛적 광명을 이어 갔다. 그는 모든 권력을 집중하여 당시 레반트 남부 광대한 영역을 점령하고 있던 아람에 맞서 승리했고, 이스라엘과 유다 왕국을 통제했다(비교, 왕하 13:22-25).

우선, 아다드네라리 3세는 주전 805에서 802년까지 매해 조공을 더 이상 납부하지 않음으로 살만나싸르 3세 이후 성립된 봉신 관계를 일방적으로 해체해 버린 시리아 유역의 왕들을 통제했다. 주전 796년에는 아람-다마스쿠스 원정을 단행했다.

'니므롯의 비문'(Orthostateninschrift)은 아다드네라리 3세가 유프라테스에서부터 "에돔과 필리스테아"까지 도시와 왕국을 점령하고, 다마스쿠스를 포위한 후 아람-다마스쿠스 왕(벤하다드)의 조공을 받았다고 자신을 칭송한다(*HTAT* 121).

아다드네라리 3세는 또 다른 석비에서 "사마리아 요아스의 조공"(*HTAT* 122, 8줄)을 언급한다. "사마리아"라는 어휘는 북왕국이 확실히 영토를 상실했다는 것과 '이스라엘'은 요아스왕의 통치 초기(주전 802-787)에 사마리아 주변을 포함한 도시국가였음을 알려 준다.

여하튼 요아스는 조공 지불로 다시 예후가 기초를 세운 아시리아와의 봉신 관계에 들어가게 되고, 이를 통해 정치적 운신의 장을 획득하게 된다. 다마스쿠스 벤하다드에 대한 아시리아의 승리는 요아스에게 종전까지 아람이 통제했던 영토에 진입할 가능성을 열어 주었다. 왜냐하면, 아람이 약해졌기 때문이다. 이스라엘은 아다드네라리 3세뿐만 아니라, 그의 후계자 살만나싸르 4세(주전 782-773)에게까지 막대한 조공을 지불해야 했다(*HTAT* 124).

성경이 증언하는 요아스의 통치영역이 어디까지 확장되었는지(비교, 왕하 13:25) 말하기는 어렵다. 아마도 그의 영토는 옛적 그술 왕국을 포함한 게네사렛 호수 유역 안까지 팽창되었을 것이다.

요아스 때나 그의 후계자 여로보암 2세 통치 때(주전 787-747), 이미 단(Tell el-Qādi)은 이스라엘의 통치권의 일부가 되었다. 왜냐하면, 여로보암 2세가 전략적으로 중요한 지역을 요새 도시로 확장했기 때문이다. 즉, 게네사렛 호수의 긴네렛(Tell el 'Orēme 지층 2), 그리고 이전에 아람의 영향력하에 있던 긴네렛 북쪽의 하솔(지층 VI/5), 욕느암(지층 XII)이 바로 그 도시들이다. 중요한 교역 중심지 므깃도(지층 IVA)는 행정과 군사 중심지로 대규모 확장이 있었고, 경제적으로 중요한 서쪽 영역 개척은 경제 호황을 위한 기초석이 되었다.

사마리아 궁궐 복합단지에서 발견된 '사마리아 오스트라카'는 여로보암 2세 시절, 지역 엘리트와 궁 간의 밀접한 관련성을 입증해준다(HTAT 125-138). 아마도 주전 8세기 말엽 예언자들의 사회 비판 배경에는 바로 이 경제 체제가 있었을 것이다.

지역 주민들은 부유한 엘리트에 의해 수탈당하고 있다는 아모스의 비판은 옛적 자급자족 경제가 일종의 대부자본주의로 대체되어 발전한 배경에서 나온 것이다. 농부들은 땅을 임차해야 했고, 수확량이 저조할 때는 채무노예가 될 위험 속에 살았다(비교, 암 4-5).

6. 주전 8세기 유다와 그 수도 예루살렘

살만나싸르 4세(주전 783-773)의 후계자 시절, 아시리아의 약세와 아람의 권력 상실로 생겨난 권력 공백은 유다의 경제를 번영국면으로 전환시켰다. 이에 대한 한 예가 쉐펠라 지역 라기쉬(Tell ed-Duwēr) 건축이다.

예루살렘과 함께 가장 중요한 라기쉬는 주전 8세기 므깃도처럼 군사기지와 지방 행정 중심지로 확장되었다(지층 IV-III). 델 베트 미르심(Tell Bēt Mirsim)과 벧세메쉬에서도 필적할 만한 요새화 설비가 발견된다.

네게브의 아라드(지층 X-VIII)와 텔 에스-세바(Tell es-Seba', 지층 III-II)도 요새 설비를 갖추었다고 한다. 특히, 아라드 궁정에는 번제단과 제의 벽감이 있는 작은 야웨 성전이 있었다. 또한, 서쪽 네게브의 가데스바네아(Tell el-Qedērat)와 홍해의 에시온게벨(Ğezīret Far'ūn)과 엘랏(Tell el-Ḥulêfe)도 요새 설비를 갖추게 되었다.

전체 구조를 보면, 무역길을 따라 도시와 요새가 체계적으로 건축되었음을 볼 수 있다. 유다 왕들의 영향력은 네게브 광야를 지나 에돔-아람 지역에 이르는 직접 원거리 무역으로 엄청나게 증대되었다. 완벽한 수도라는 이름에 걸맞는 축성 도시 예루살렘이 유다 지역에서 이 무렵 탄생한다.

일찍이 주전 9세기 말엽 (추측하기로는 이스라엘 왕국의 영향하에) 기념비적 건축물이 예루살렘에 세워진 후 문서 활동이 강화된 징후가 포착된다. 기혼샘 인근에는 주전 8세기 중반의 것으로 추정되는 일단의 봉인된 점토 칙서들(Bullen)이 발견된다. 이들 중 일부는 주전 9세기로 분류된다. 또한, 주전 8세기의 사사분기에는 왕정 행정을 말해 주는 수많은 고서체 히브리어 도편 자기가 출토되었다.

이런 행정 수립에는 도시의 영토 확장이 수반된다. 주전 8세기 예루살렘의 정착지는 서쪽으로 확대되었으며, 동시에 옛 다윗성 자락에는 '계단식 석조 구조'(stepped stone structure)에 가까운 '아리엘의 집'(House of Ariel)과 같은 소(小)정착지가 생겨난다. 그럼에도 불구하고 도시 성벽은 없었으며, 아크로폴리스 근처의 남동부 언덕은 여전히 축성되지 않은 채 남아 있었다.

도시 확장은 급수 시설의 개축을 수반한다. 중기청동기 2기(대략 주전 2000-1550)의 옛 급수체계는 기혼샘으로부터 물을 끌어들여 터널 안 15x10미터의 대형 저장소에 모으는 것이었다. 주전 9세기 중반, 이 저장시설이 포화되어 윗부분을 증축했는데, 아마도 기혼샘으로 곧바로 연결되는 길이 만들어졌을 것이다. 그러나 이 시설은 도시에 충분한 물을 공급하기에는 충분치 못했다. 그래서 이후 기혼샘으로 이어지는 533미터의 긴 터널을 파게 된 것이다. 이 터널이 소위 실로아 터널이다(지도 2).

유다와 예루살렘 공고화는 남왕국의 이스라엘 왕국로부터의 점진적 이탈이란 맥락에서 보아야만 한다. 주전 738년, 처음으로 신아시리아 비문은 '유다'의 왕을 언급한다. "유다의 요하스"(*HTAT* 140)는 성경 역사서술의 아하스(주전 741-736)와 동일 인물이다.

주전 9세기와 8세기 사마리아와 예루살렘 왕들이 개별적으로 협력하고 공존했다면, 유다 왕이 이스라엘 왕들의 그늘에 있었던 국면은 늦어도 아하스 또는 좀 더 이른 시기 선대왕인 요담(주전 756-741) 시절에 그 끝을 맞이한다.

7. 이스라엘과 유다: 티글라트필레세르 3세부터 사마리아 점령까지(주전 722/20)

살만나싸르 4세 이후 신아시리아 제국의 소강 국면은 티글라트필레세르 3세 때(주전 745-727) 옛 시절의 서부 팽창 정책 재개로 이어진다. 신아시리아의 서부 팽창은 주전 722년 또는 주전 700년 이스라엘 왕국 병합에 이어 이집트 정복과 테베 점령(주전 664)까지 이어진다. 주전 8세기 티글라트필레세르 3세의 후계자가 재위할 때, 이집트는 제25왕조 통치자에 의해 공고히 되자, 이 양대 세력은 대략 100년 동안 남부 레반트를 결정하는 당사자가 된다. 그리고 남서쪽 이집트와 북동쪽 아시리아가 그 자리를 확고히 한다.

티클라트필레세르 3세의 아시리아 왕국 핵심 권력이 공고히 된 이후, 그는 주전 738년 서쪽으로 진군하여 이전의 지배상태를 신속히 다시 회복시킨다. 그는 중부 시리아와 킬리키아를 복속하고, 남부 레반트로 밀고 들어갔다. 소도시국가들은 신아시리아에 조공을 납부하는 것 외에 할 수 있는 것은 아무것도 없었다.

앞에서 살펴보았던, 주전 738년 석비(*HTAT* 140)에는 유다의 아하스와 함께 "사마리아의 므나헴"을 언급한다. 이 내용은 므나헴이 티글라트빌레세르 3세에게 조공을 바쳤다는 열왕기하 15장 19-20절의 짤막한 기록과 일치한다. 신아시리아 왕의 바빌로니아식 즉위명은 정확히 불(*Pul*)이었다. 이 짤막한 기록은 신아시리아 왕의 이름을 거명하는 또 다른 성경 본문의 맥락에 있다.

티글라트필레세르 3세	주전 745-727	왕하 15:29; 16:7,10; 대상 5:6('불', 왕하 15:19)
살만나싸르 5세	주전 727-722	왕하 17:3; 18:9
사르곤 2세	주전 722-705	사 20:1
아사르핫돈	주전 681-669	왕하 19:37; 사 37:38

티글라트필레세르 3세에서부터 아사르핫돈까지의 왕들은 정확히 주전 8세기와 7세기 신아시리아 서부 확장 정책을 시행했던 왕들을 아우른다. 주전 8세기 유다 왕국의 독립과 함께 문서 기록이 시작되었다. 그래서 이 시기의 (분명 후대에 저작된) 열왕기서의 역사 정보는

설령 유다-예루살렘적 관점이 결정적으로 녹아 있다 해도 더 신뢰할 만하다.

티클라트필레세르 3세는 주전 738년 페니키아 해안 도시와 이스라엘 왕국을 조공국가로 만든 후 블레셋 지역으로 진공했다. 분명히 그는 이집트로 향하는 경계인 나할 무추르(NaḤal Muṣur)에 군사기지를 건설하여 아라바로 통하는 유향과 향신료 무역을 통제하기 원했을 것이다.

주전 738년 석비에 따르면, 유다의 아하스(비교, 왕하 16:8)와 아쉬켈론, 암몬, 모압, 에돔의 통치자들은 조공을 바쳤다(*HTAT* 140). 사실 티글라트필레세르 3세는 트랜스요르단 국가를 포함한 전체 레반트를 자신의 통제 아래 두었다. 중요한 것은 정치적 지배권보다는 당시 모든 육상 무역을 아우르는 경제체계를 만드는 데 있었다.

아시리아 통치영역의 대폭 확대는 곧 소(小)봉신국가와 도시왕국들을 더 밀접하게 묶어 주는 결과를 가져왔다. 그래서 티글라트필레세르 3세가 철군하자 곧 다마스쿠스의 르신과 두로의 히람 2세, 그리고 사마리아를 다스리는 군인 베가가 공동 반아시리아 정책을 편다(쿠데타?, 왕하 15:23, 25).

성경의 기록에 따르면, 유다 왕 아하스는 반아시리아 연합에 가담하기를 거부하고, 연합주의자 르신과 베가가 그를 폭력적으로 폐위하려 했고(왕하 16:7-8), 그는 티글라트필레세르 3세에게 도움을 요청한다.

이스라엘의 이런 군사적 행보를 일컬어 "시리아-에브라임 전쟁"(J. Begrich)이라고 부른다. 북방과 남방의 갈등이 실제로 거대한 규모였는지에 대해서는 의문이 남는다(왕하 16:5-6; 사 10:27-32; 호

5:5-14), 다마스쿠스와 사마리아와 예루살렘 왕들의 협력과 대립은 신아시리아 패권에 대한 각 지역 통치자의 입장이 어떠했는가 하는 질문과 연관이 있다. 아하스는 아시리아와의 협력을, 르신과 베가는 대립 하더라도 독립을 원했다. 이사야는 후자의 입장에 반대하지만 (사 7:1-9), 결과적으로 아하스의 정책이 더 성공적이었다.

주전 733년 티글라트필레세르 3세의 보복 원정으로 다마스쿠스는 점령되고, 이스라엘의 통치영역은 현격히 축소되어 신아시리아 제국의 새로운 속주로 편성된다. 아람-다마스쿠스, 페니키아 해안지대 도르, 이전에는 이스라엘 영토에 해당되었던 므깃도와 길리앗은 아시리아의 속주로 편입되었다.

사마리아 상류층 일부는 아시리아로 강제 이주를 당한다(왕하 15:29). 그리고 (친아시리아 세력에 의한) 베가의 사후(왕하 15:30), 호세아가 사마리아의 새로운 왕으로 임명된다(주전 731-723). 신아시리아 비문에 따르면, 호세아는 바빌로니아 도시 사르라바누(Sarrabānu)에서 티클라트필레세르 3세에게 조공을 바친다(HTAT 147-149; 152).

이 상황은 아시리아의 왕권이 살만나싸르 5세로 교체되면서 변화된다(주전 727-722). 통치권 이양이 아무 마찰 없이 이루어졌음에도 이스라엘의 호세아는 이를 조공을 중단하고 이집트와 수교할 기회로 여긴다(왕하 17:4). 그가 왜 그렇게 했는지는 분명하지 않다.

당시 이집트는 그렇게 강력한 동맹자가 될 수 없었다. 호세아가 소통했던 오소르콘 4세는 네 명의 통치자 중 한 사람으로, 남부 레반트로 기울어진 나일강 동부 델타 지역만을 다스렸다. 오소르콘 4세는 사마리아를 둘러싼 갈등에 개입하려 하지 않았고, 그럴 만한 입장에 있지도 못했다. 하지만 그는 직접 이웃한 블레셋 지역에 대해서는 전혀 다른 행보를 보였다.

티글라트필레세르 3세 비문은 주전 734년 블레셋과의 어떤 충돌을 보도한다. 그때 가자의 도시 왕 하누누(Chanunu)는 이집트로 도망했다(*HTAT* 142). 얼마 후 그가 이집트에서 "새처럼" 다시 날아오자, 티글라트필레세르 3세는 그를 가자의 도시 왕으로 임명했다. 정확한 배경은 알 수 없다. 하지만 이 진행 과정은 신아시리아 통치자도 이집트 파라오도 일이 더 꼬이지 않길 원했다는 것을 보여 준다.

이런 추론은 몇 년 후 신아시리아 왕 사르곤 2세의 대군이 블레셋 남부에 출현했을 때, 오소르콘 4세가 그에게 예물을 바쳤다는 사실을 통해 입증된다(*HTAT* 157). 이집트는 군사적 역량이 되지 않았기에 신아시리아와 충돌하기를 원치 않았다. 이런 상황은 구스족 파라오가 설립한 제25왕조에 이르러 변화되었다. 구스족 파라오들은 주전 8세기에서 7세기로 전환될 무렵, 시리아-팔레스타인 지협 사건에 직접 관여했다.

이러한 이유로, 주전 722년 이스라엘의 호세아는 이집트에 도움을 기대했지만, 아무런 반응이 없었고 그는 고립되었다. 신아시리아의 보복 원정은 그리 오래 걸리지 않았다. 살만나싸르 5세는 사마리아로 진공하여 호세아를 구금했다.

신아시리아 본문의 사마리아 정복 언급에서 살만나싸르 5세는 1회, 사르곤 2세는 5회 등장한다(*HTAT* 150-152). 이런 언급은 사마리아가 3년간 포위되었다는 열왕기하 17장 3절과 18장 9-10절의 짧은 보도와 연관이 있을 것이다. 그렇다면 살만나싸르 5세 때 포위가 시작되었으나, 주전 722년 그의 죽음으로 인해 잠깐 중단되었다. 주전 720년 사르곤 2세 때 사마리아가 완전히 점령된다.

신아시리아 자료에 따르면, 아시리아 사람들은 상류층을 아시리아로 이주시켰다. 이들 중에는 기술자와 군인들이 있었다. 그들은 신상을 비롯해 사마리아 신전의 기명들도 가져갔다(*HTAT* 151). 이스라엘은 사메리나(Samerīna)란 이름으로 아시리아 제국에 병합되어 총독이 다스리게 된다.

사르곤 2세의 연대기는 다른 주민들을 사마리아에 정착시키는 재(再)이주 정책에 대해 보도한다(*HTAT* 158). 물론, 이 보도가 한때 이스라엘이 일종의 다민족국가가 되었음을 말하는 것은 아니다.

당시 일단의 사마리아 출신 서기관들이 예루살렘으로 도망했는데, 아마도 아시리아로의 강제 이주를 피하거나 야웨-성전 근처에 거주하고 싶어서였을 것이다. 주전 722/720년 이후, 유다 왕국의 상황과 히스기야와 므낫세의 예루살렘 확장은 북쪽에서 남쪽으로 도망자들의 물결과 이에 따른 '두뇌유출'(brain drain)을 과소평가할 것이 아님을 말한다.

이스라엘의 멸망은 물질문명에서는 전혀 파장을 일으키지 못했다. 아시리아 사람들은 종전처럼 항상 원거리 교역과 무역길 안보에 관심이 있었다. 사마리아, 도르, 단은 행정 중심지로 축성되었고, 므깃도와 긴네렛(Tell el-Oreme)과 하솔 인근, 아이일렛 하-솨하르(Ayyelet ha-Shahar)에는 주전 7세기 아시리아 양식의 궁궐단지가 생겨났다. 수많은 신아시리아 행정문서는 속주까지 미치는 아시리아의 법과 영향력(*HTAT* 164-171)을 입증한다. 자기 농토에 대한 조세를 내야 했던 소농과 대지주 역시 크게 변한 것이 없었다. 이제부터 조공은 더 이상 사마리아의 왕립보관소가 아니라, 신아시리아 행정 중심지로 직접 향했다.

8. 요약

이스라엘과 유다, 두 왕국의 역사는 분명 성경의 기록과는 차이가 있다. 성경 역사서술에서 이스라엘은 부정적으로 묘사되며 오므리 왕가는 아주 간략하게 언급되었다. 규모와 힘은 항상 유다와 예루살렘의 것으로 돌렸다.

하지만 쉐숑크 1세(주전 926/25)에서부터 사마리아 함락(주전 722/20)까지의 역사 기록은 이 사실을 입증해 주지 않는다. 오히려 성경 외의 자료들은 성경 진술과 엇갈린다. 유다가 아니라 이스라엘이 힘 있는 대국이었다.

고대 오리엔트 통치자들의 눈높이에 있었던 왕들은 예루살렘이 아니라 사마리아의 왕들이었다. 주전 1세기 하스모네아 왕가 시기까지 고대 이스라엘 역사 속에서 오므리가 북서쪽 하솔에서 요단 동편까지 이르는 왕국을 이룩한 유일한 왕이었다.

예루살렘 통치자들은 오므리와 그의 후계자 시절에 북왕국에 의존해 있었다. 아하스왕 때(주전 741-736)가 되어서야 예루살렘은 독립적으로 활동할 수 있었다. 예루살렘 왕들은 이전까지는 "다윗의 집"(텔-단 비문)의 왕들로 불렸지만, 이때부터는 "유다의 왕"으로 명명된다(티글라트필레세르 3세의 비문, 738).

주전 9세기 사건들은 아람이 영향력을 행사하던 지역들을 상실했을 때 이스라엘과 유다가 의미를 차지했다는 것을 보여 준다. 대략 주전 830년 하사엘에 의한 해안평야와 남부 파괴, 그리고 이 시기에 발생한 정치적 공백은 이스라엘과 얼마 후에는 유다의 경제 호황을 가능케 했다.

이로써 고대 이스라엘 역사에 처음으로 독립왕국 유다와 그 수도
란 이름에 걸맞은 예루살렘이 생겨났다. 이스라엘에서 독립하고 아
하스왕이 펼친 정책 덕에 유다는 이스라엘 패망(주전 722/20)으로 비
롯된 사건들에 휘말리지 않을 수 있었다.

이스라엘의 호세아는 또 다른 정책을 추진했다. 그는 조공을 끊
고 이집트로 노선을 바꾸었는데, 이에 아시리아가 자극을 받아 사마
리아를 공격했다. 이스라엘 왕국은 주전 722년(또는 720년) 사마리아
함락으로 멸망한다.

하지만 야웨-종교의 유산과 전통은 소실되지 않았다. 오히려 페
르시아 시대 그리심산에 야웨 성전 건설까지 연결되는 지속성이 북
방에 존재했다. 그렇지 않았다면, 주전 722/20년 이후 사마리아에
서 야웨-제의는 축소된 형태로라도 존재할 수 없었다.

유다의 역사는 이제야 시작되었다. 예루살렘 함락 때(주전 587/86)
까지 대략 140년은 유다의 개화기였다. 이 시기에 중요한 종교사적
발전이 이루어졌을 뿐만 아니라, 여러 다양한 문학 작품이 나왔다.
이런 자산은 페르시아 시대와 헬레니즘 시대의 문헌 생산에 초석이
되었다.

제3장

유다 왕국: 예루살렘 점령까지(주전 587/86)

사마리아 함락부터 주전 587/6년 예루살렘 함락까지 유다 역사에 관한 수많은 성경 외적 자료가 있다. 신아시리아 왕의 비문, 〈바빌로니아 연대기〉, 그리고 이집트의 비문과 광범위한 고고학 자료들이 바로 그것이다. 주전 7세기와 6세기, 격변하던 남부 레반트 역사는 이에 대한 근거를 제공한다. 이집트까지 미치는 신아시리아의 영향력 팽창에 이어, 신바빌로니아인들의 아시리아 침공이 있었다. 이집트 제26왕조의 파라오들은 다시금 이 기회를 이용하여 남부 레반트로 침입했다. 신바빌로니아 왕 나보폴라싸르가 아시리아(주전 614)와 니느웨(주전 612)를 함락한 후, 그의 아들 네부카드네차르 2세는 이전 아시리아가 통치했고 지금은 이집트가 차지하고 있는 유역에 대한 권리를 주장했다. 이 상황은 시리아-팔레스타인 지협에 또 한 번의 패권 전환(주전 604/04)으로 이어졌다.

유다 왕들은 권력의 다채로운 변화를 주목했다. 히스기야가 대외적으로 의미심장한 역할을 수행했던 반면, 요시야는 남부 레반트 분쟁에서 완전히 주변으로 물러나 있었다. 대(對)아시리아 정책에 있어 숙련된 므낫세의 행적은 입증될 수 있으나, 구약성경은 이에 대해 전혀 말하지 않는다.

1. 히스기야와 주전 8세기와 7세기의 유다 확장

성경 역사서술에서 보면, 히스기야왕(주전 725-679)은 제의를 개혁하고 예루살렘을 건설했으며, 주전 713년 반(反)아시리아 동맹(왕하 18-20)에서 지도적 역할을 했다.

수많은 날인 인장과 봉인 칙서는 유다의 비약적인 문서 활동과 광범위한 경제를 방증한다. 인장 무늬는 두 날개 또는 네 날개를 가진 태양 원반이 있고, 운반 항아리나 저장 항아리에는 *lmlk*('왕에게 속한'이란 뜻)란 글자가 새겨져 있다(*HTAT* 233-236). 총 오십 곳이 넘는 지역에서 천 개가 넘는 인장이 발견되었다. 점토 분석에 따르면, '네 손잡이 저장 항아리'는 라기스 지역에서 생산되었다. 라기스는 당시 군사와 행정 중심지로 확장되었다(지층 III).

유다의 행정체계는 아시리아 정책을 통해 설명될 수 있다. 유다는 아시리아의 봉신이며 신아시리아 왕들의 통치 지역이었다. 고서체 히브리어가 방증해 주는 유다의 문서 활동 증대와 잘 편성된 행정을 말해 주는 수많은 날인 인장, 유다 내 도시의 군사적 축성까지 이 모든 것은 신아시리아 없이는 불가능했을 것이다. 이들의 경제와 행정 정책은 유다 왕국의 문명 발전의 동력이 되었다.

라맛 라헬(Hirbet Ṣāliḥ)은 특별한 중요성을 지닌다. 예루살렘에서 족히 4.5킬로미터 떨어져 있으며 베들레헴으로 가는 길 중간 지점에 놓인 이곳은 주전 8세기 후반 또는 주전 7세기 초반 신아시리아의 행정 중심지로 개축되었다. 라맛 라헬은 예루살렘 남쪽 지역 중 가장 높은 지역이었으며, 예루살렘을 주변 지역과 이어 주는 전략적으로 중요한 주도로 지점에 있었다. 또한, 이곳은 농산물을 내보내는

출하장이었고, 이와 동시에 유다 핵심지역을 위한 가장 중요한 행정 중심지였다.

라맛 라헬은 페르시아 시대를 넘어서까지 존재했다. 라맛 라헬은 일찍이 히스기야 시절, 그 이후 350년간의 기간을 결정지을 만한 도시 형성을 보여 주고 있다. 예루살렘은 성전 서기관 학교를 갖춘 야웨 경배 장소로 이쪽 편에 있었다면, 저편 라맛 라헬은 처음에는 아시리아, 그다음에는 바빌로니아와 페르시아가 통치했던 행정 중심지였다.

아마도 종교와 행정의 '업무 분할'은 히스기야 시대 종교 중심지로서의 예루살렘의 중대성이 커갈 수 있도록 했을 것이다. 열왕기하 18장 4절의 제의 개혁에 대한 짧은 기록을 역사적으로 평가할 수 없다 할지라도, 고고학 발견물은 야웨 경배지로서 예루살렘에 집중이 점증하고 있음을 말해 준다(비교, 왕하 18:22).

예루살렘에서 남서쪽으로 대략 56킬로미터에 위치한, 네게브 요새 아라드의 번제단을 갖춘 작은 야웨 성전과 제의 벽감은 흙으로 덮어 놓아서 사용할 수 없도록 했다(지층 VIII).

예루살렘에서 북서쪽으로 7킬로미터 떨어진 텔 모차(Tel Moẓa) 역시 이와 동일한 상태였다. 텔 모차 성전은 주전 9세기 건축물 위에 세워졌는데, 시리아 신전 건축양식을 하고 있었고 사람들은 그 성전 제단에서 동물 제물을 바쳤다. 주전 8세기, 이 신전은 방치되었고, 제단 및 제의 성구들은 흙을 두껍게 하여 덮어 버렸다.

예루살렘이 야웨 제의 중심지였다는 것은 주전 8세기나 이른 주전 7세기 라기스(Ḥirbet Bêt Lay) 인근에서 발견된 고서체 히브리어 비문 글귀와 잘 맞는다.

야웨는 온 땅의 하나님이요, 유디 산지는 예루살렘의 하나님의 것이
로디(HAE: BLay [7]:1).

이 글귀는 야웨가 예루살렘의 도시 신임을 알려 준다. "유다 산지"
와 "온 땅"을 일치시키고 있는데, 이것은 주전 701년, 유다가 통치
영역을 상실했을 때의 정치적 상황을 암시하는 것 같다.

2. 주전 713년 반아시리아 동맹과 주전 701년 예루살렘 포위

통치 지역 상실은 히스기야왕(주전 725-697)의 외교와 연관이 있
다. 히스기야는 그의 아버지 아하스처럼 아시리아의 충성스러운 봉
신이었다. 예를 들면, 그는 주전 720년 가자 하누누(Chanunu) 봉기에
가담하지 않았다(HTAT 154). 물론, 히스기야의 정책은 몇 년 후 변경
되었다. 아시리아인들이 북방 우라르투 왕국과의 전투에 휘말리자,
남부 레반트 지역의 소도시국가와 왕정은 새로운 활기를 얻게 된다.
아쉬도트 도시 왕 야마니(Jamani)는 대략 주전 713년경 트랜스요
르단의 모압과 에돔뿐 아니라 블레셋 지역과 유다, 그리고 이집트까
지 가입시키는 반아시리아 연합체를 결성했다(HTAT 160-163). 제25
왕조 이집트는 그들이 소원했던바, 남부 레반트 지역에서 활동할 수
있는 핵심 권력을 다시 획득하게 된다.

그 동기는 바로 이집트가 주전 8세기부터 더 강력하게 관여했던
육로 무역길에 있었다. 이집트에게는 블레셋이 지역적으로 중요했
다. 또한, 블레셋은 아시리아의 팽창에 맞서는 이집트의 중요한 완

충지이기도 했다.

주전 713년 반아시리아 연맹은 결국 아시리아의 처벌 원정을 야기했다(*HTAT* 160-163). 사르곤 2세는 주전 711년 아쉬도트와 가드를 함락하고, 블레셋 지역을 아시리아의 속주로 편성했다. 사르곤에서부터 산헤립(주전 705-681)으로 이어지는 왕권 교체기에, 아주 짧은 시기 동안 더 큰 규모의 새로운 반아시리아 연합이 결성되었다.

이 반아시리아 연합은 거의 남부 레반트 전역을 아우르는데, 북쪽 페니키아 도시들(비블로스, 시돈, 두로), 남쪽 중부 팔레스타인의 유다와 블레셋, 그리고 트랜스요르단 국가 암몬, 모압, 에돔이 이에 가담했다. 만일 히스기야가 이 결성체의 실제 지도자(*spiritus rector*)였다고 한다면(H. Donner), 오므리왕 이후 두 번째로 이스라엘의 통치자가 외교적으로 고대 오리엔트 대왕들의 눈높이에서 활동하게 된 것이다.

물론, 이 연합 기간은 아주 짧았다. 산헤립(주전 705-681)이 이에 맞서 진공했을 때, 이 연합체는 신속히 해체되었고, 히스기야는 홀로 서야만 했다. 유다의 수많은 도시가 파괴되었다. 이 도시 중에는 라기스도 있었다. 신아시리아 왕의 비문에 따르면, 산헤립이 "새장의 새"처럼 히스기야를 예루살렘에 가두었다(*HTAT* 181, III/27-29).

산헤립이 예루살렘을 실제로 포위했는지는 확실하지 않다(W. Mayer). 왜냐하면, 당시 산헤립의 요주 인물은 히스기야가 아니라, 에크론 도시의 영주 파디(Padi)였기 때문이다. 아시리아 군대는 파디를 폐위했고, 그는 히스기야에게 이송되었다.

산헤립이 예루살렘 성문 앞에 나타났을 때, 히스기야는 파디를 풀어 주었다. 아시리아는 철군하고, 파디는 다시 에크론의 도시 영주로 임명되었다. 이로써 산헤립은 아시리아의 군주로서 봉신에 대한 책무, 즉 그의 조공과 충성에 대한 반대급부로 군사적 보호를 제공하는 책임을 이행한 것이다.

〈산헤립 연대기〉에 따르면, 당시 히스기야는 아주 많은 조공을 바쳤다. 이 사실은 그가 산헤립에게 항복했음을 말해 준다(*HTAT* 181, III/37-49). 이로써 히스기야는 다시 그의 통치 초기 시절처럼 아시리아 봉신으로 남는다. 즉, 그는 조공을 바치고 가능한 한 (외교) 정치적 건에 개입하지 말아야 했다. 물론, 이전과는 큰 차이가 있었다. 유다의 통치 권역은 엄청나게 축소되었고, 쉐펠라 정착지는 3분의 1 정도로 오그라들었다.

구약성경은 예루살렘 '포위'의 종결을 다른 각도에서 묘사한다. 아시리아인들은 그 성읍을 정복하지 못하고 철군했다. 성경 본문은 이 사건을 문학적으로 기적적 구출로 기술했다(왕하 18:17-19,37; 사 36:2-37:38). 이 본문의 기자는 아마도 주전 701년 사건을 "점령 불가능한 도시"라는 모티브를 통해 시온신학을 역사적 핵심으로 보도한다(O. Keel).

3. 므낫세 왕국과 신아시리아의 이집트 점령 (주전 7세기)

히스기야의 외교 정책이 양면적이었다면, 그의 후계자 므낫세(주전 696-64)는 아시리아인들과 공조했다. 그는 55년간 재위한 왕으로 이스라엘과 유다 역사에서 최장수 왕일 뿐만 아니라, 가장 성공한 왕 중 한 사람이었다.

성경은 이에 대해 그 어떤 것도 보도하지 않는다. 오히려 열왕기서는 므낫세왕을 요시야왕과 대조해 부정적으로 묘사한다(왕하 21:1-18). 종교 정책적 견지에서 히스기야가 재건했던 것을 므낫세가 완전히 허물었기에, 요시야는 다섯 번째 모세의 책 신명기가 요구하는 것, 즉 예루살렘 야웨 하나님을 위한 '단일하고 순수한' 국가 제의를 복원해야 할 필요가 있었다.

이전 연구에서 히스기야와 연관시켰던 새로운 건축물과 발전의 많은 부분은 실제로 므낫세의 장기간 재위와 맞아떨어진다. 그는 광폭 성벽(broad wall)으로 예루살렘을 견고히 하고, 용수공급을 위한 건축을 해야 할 만큼 도시 인구를 성장시켰다. 물론, 수로 개설은 이미 히스기야 시대에 시작했지만(왕하 20:20; 사 22:9), 다른 조치들은 주전 7세기 중반에 있었던 것으로 여겨진다. 이전 시대를 말하고 있지 않다.

지금까지 기념비적인 광폭 성벽의 일부 발굴이 이루어졌지만, 6.40미터에서 7.70미터에 이르는 성벽의 전체 폭의 규모는 아직 불명확하다. 그러나 다윗성 남동 언덕과 소위 오펠이라고 일컫는 성전산까지 구역이 새롭게 확장되었고, 이 구간을 2미터 폭의 넓은 성벽으로 보호했다(비교, 대하 33:14)는 것은 확실하다.

아마도 이 조치는 예루살렘 서편 팽창에 수반되는 일이었을 것이며, 결과적으로 도시는 점차 오늘날의 예루살렘 구시가지 영역으로 확장되었을 것이다(지도 2). 측정 면적과 추정되는 주거 밀집도로 보아 당시 예루살렘에는 대략 8,000명(H. Geva)에서 25,000명(Op. Lipschits) 정도의 인구가 있었을 것이다.

건축 정책을 통해 급수시설이 달라졌다. 청동기 시대의 물 저장고는 이미 주전 8세기에 채워져서 상부를 증축한 이후, 기혼 샘에서부터 도시의 남서쪽 가장자리 저장 호수까지 533미터의 긴 터널을 더 파게 되었다. 이 터널에서 비문이 발견되었다('실로아 비문', *HTAT* 180). 그리고 예루살렘을 빙 둘러 가며 많은 농장과 마을이 생겨났다. 신아시리아 행정 중심, 라맛 라헬에 주전 7세기 건립된 120 x 90미터의 기념비적 궁궐단지는 페르시아 시대까지 유지되었다.

므낫세의 긴 통치 기간 중, 이집트는 아시리아인들에 의해 점령된다. 제25왕조의 파라오들은 기본적으로 유다의 히스기야처럼 처신했다. 그들은 아시리아인들이 허용하는 지역에서만 활동한 것이다. 주전 701년 이집트 부대 병력은 엘테케(Eltheke) 전투에 가담했다 (*HTAT* 181, III/3-4).

구스족 왕들, 예를 들면, 쇼바카와 쉐비트쿠는 신아시리아와의 분쟁으로 피하려 했던 반면, 파리오 타하르카(BC 690-664)는 이와 달리 행동했다. 그는 블레셋 지역뿐 아니라 페니키아 해안 도시와 접촉하여, 개별 도시 연합체를 결성했다. 산헤립의 후계자, 아사르핫돈(주전 681-669)은 그의 연대기에서 다음과 같이 언급한다.

> [바알이] 그의 친구, 구스 왕 타하르카를 신뢰하여, 내 주 앗수르의 멍에를 떨쳐 내고 다시금 뻔뻔함으로 응답했다(TUAT I/4, 398).

그 귀결은 아시리아인들의 응징이었다. 아사르핫돈은 처음에는 두로를, 그다음은 이집트로 진공했다. 주전 674/73에서 664/63년 사이, 아사르핫돈과 그의 후계자 앗수르바니팔(주전 669-630)은 다섯 차례 원정을 감행하여, 주전 664년 테베를 함락하기에 이른다.

구약성경은 아시리아의 이집트 원정을 언급하고 있지 않지만, 나훔서에 테베('아문의 도시라는 뜻의 "노아몬"으로 지칭된다)의 함락에 대한 문학적 메아리가 남아 있다. 테베는 함락되었고 주민들은 강제 이주된다(나 3:8-10).

주전 667년, 앗수르바니팔의 비문은 이집트 원정의 지원부대로 가담했던 스물두 명의 통치자를 언급하는데, 그중 두 번째 자리에 "유다의 므낫세"(*HTAT* 191, II/39)를 거명한다.

이 보도는 세 가지 측면에서 흥미롭다.

첫째, 두로의 바알, 아쉬도트의 미티니 또는 가자의 실-벨과 달리, 므낫세는 도시 왕(가령, '예루살렘의 므낫세')이 아니라 왕국의 통치자로 지칭된다. 비문 기록에서, 므낫세는 그 이름 다음에 거명된 모압과 에돔 왕의 대열에 있다(*HTAT* 191, III/40-41).

둘째, 아사르핫돈 시대의 한 목록 역시 니느웨의 무기창 건립에 필요한 목재를 공급한 스물두 명 통치자를 거명한다. 이 목록에서도 역시 두 번째 자리에 "유다의 므낫세"(*HTAT* 188, V/55)를 거명한다. 이 목록은 무역 왕래를 말해 준다.

셋째, 시리아/팔레스타인의 왕들이나 도시 영주들은 두로의 바알의 경우에서 명시되어 입증되듯이(*HTAT* 189), 아시리아 왕과 충성 서약(*adē*-맹세)을 이행할 책무가 있었다. 그들은 신아시리아 왕의 봉신이었다. 므낫세는 이런 정치적 입장을 재위 55년간 견지했으며, 그는 봉신으로서 자신의 책무를 따랐다(I. Finkelstein).

주전 7세기 유다의 경제적 호황과 예루살렘 증축은 한편으로는 아시리아인들과 밀접한 접촉으로, 다른 한편으로는 새로운 지정학적 정황으로 설명된다.

산헤립이 쉐펠라를 파괴하고 그 지역을 아쉬도트, 에크론, 가자의 도시 왕들에게 귀속시킴으로, 유다 산지는 더욱 조밀히 정착되었으며, 기브온과 미스파와 같은 개별 도시들이 확장되었다. 유다 영지는 요새화 건축(아라드, 호르바트, 웃자, 호르바트 랏둠, 델 이라, 엔 게디)에서 보여 주듯이 남부와 동부에 집중되었다. 그리고 사해 서부 지류와 브엘세바 분지도 이 영지 내에 포함되었다.

유다는 신아시리아 경제권에 있어 중요한 곡물 공급지가 되었다. 한 가지 산물에 집중하는 것이 아시리아인들의 경제 정책이었다. 이 정책은 블레셋 유역에서도 나타난다. 에크론은 올리브 생산에 특화되었고, 아쉬켈론은 포도주에 전문화되었다.

유다가 신아시리아 경제 제국주의에 일체화됨에 따라, 유다의 조형예술에 아람-아시리아의 영향으로 그들의 상징물이 늘어나게 되었다. 하란의 달신, 하늘 여왕, 천체와 행성과 같은 성좌 상징물이 종교적 상징체계 속으로 몰려들어 예루살렘의 공적 제의에 영향을 미쳤을 것이다.

4. 요시야, 이집트 개입, '제의 개혁'

열왕기서 서술에 따르면, 요시야(주전 639-609)는 유대 왕 중 가장 중요한 왕이다. 그는 종교정치적 정책으로 전 국가적으로 제의 개혁을 단행했다(비교. 왕하 22-23).

역사적으로 보면, 요시야의 통치 시기는 남부 레반트 정국의 유동적 시기와 일치한다. 바빌로니아인들은 이집트까지 미치는 신아시리아의 팽창을 이용해 아시리아의 핵심 영토를 공격한다. 이에 아시리아 왕들의 남쪽 엘람과 갈등, 그리고 북쪽 스키타이인들과의 군사적 충돌이 한몫을 더했다.

이런 남북의 정국은 바빌로니아 왕 나보폴라싸르(주전 625-562)가 주전 614년과 612년 각각 앗수르와 니느웨를 정복하고, 그의 후계자 네부카드네차르 2세(주전 605-562)가 시리아/팔레스타인(주전 598/97)과 예루살렘(주전 587/86)을 함락시키는 데 견인차가 되었다.

이런 세력 교차 정국 속에 이집트 파라오들은 족히 25년간 남부 레반트 지역의 통제력을 인계받게 된다. 프삼메티크 1세(주전 664-610)는 앗수르바니팔이 테베를 함락할 시기(주전 664), 이집트의 연보에 따른 26번째 새 왕조를 창설한다. 이를 위해 그는 해상 교역을 하러 이집트 땅에 왔던 그리스 용병들의 도움을 받아, 당시 통치 중이던 이집트의 다른 통치자를 몰아낸다(Herodot, Hist. II, 152).

프삼메티크 1세는 그 이듬해 자신의 통치권을 이집트 전역과 남부 시리아/팔레스타인까지 확대한다(*HTAT* 256). 고고학적 자료와 히브리어 비문, 이집트 본문들은 이미 요시야 재위 시기 유다가 이집트에 예속되었음을 증거한다.

아쉬켈론과 에크론 고고학은 이집트가 아시리아인들의 행정체계를 인계했음을 알려 준다. 또한, 이집트와 남부 시리아/팔레스타인 사이에 활동하던 특사도 있었다(Pediese의 조상, HTAT 104). 해안평야에는 메차드 하샤브야후(Meṣad Ḥăšavjāhū)가 건립되었고, 무엇보다도 유대인들은 이 도시를 위해 농경일을 해야 했다(HTAT 225).

고고학 발견물은 프삼메티크 1세가 그리스 용병들의 도움으로 블레셋 지역과 해안평야를 통제했음을 말한다. 아쉬도트, 에크론, 팀나, 엘-카브리(el-Kabri), 메차드 하샤브야후와 페니키아 도시 도르에는 그리스의 수입 물품이 있었다. 이들 중 일상 용기들은 그리스 영향을 말해 준다. 아라드의 한 고서체로 기록된 히브리어 편지는 주전 7세기 말 이집트가 고용한 그리스 용병들이 유다 네게브 요새를 통제했음을 추론케 한다(HAE Arad[6] I.2,4,7,8,10,11,14).

아시리아인들처럼 이집트인들 역시 무역 통제에 관심이 있었다는 사실은 이집트 성형문자와 친족 관계에 있던 사제들의 글과 물질 문화에 유입된 이집트 영향을 통해 드러난다(신년 물병, 인장 호신부). 주전 604년 한 파피루스는 조직체계를 보여 준다.

에크론 왕은 한 편지에서 이집트 파라오에게 원군을 요청한다. 그는 자신을 충성된 "시종"으로 소개하고, 점점 다가오고 있는 바빌로니아인들에게 맞설 군대를 파병해 줄 것으로 파라오에게 부탁한다(HTAT 260).

분명 이집트인들은 아시리아의 행정체계만이 아니라, 봉신과 조약을 체결하는 관습까지 이어받았다. 일찍이 에크론 왕 파디의 사건에서 나타났던 현상은 이전이나 이후나 마찬가지였다. 봉신은 그의 주(主)에게 조공을 바쳐야 하고, 반대급부로 군사적 보호를 받는다

(비교, 왕상 15:17-20).

요시야 재위 시 유다 왕국은 주전 625-601년의 세력 정치 상황에서 그 어떤 역할도 하지 못했다. 열왕기(왕하 23:29-30)에 따르면, 요시야는 주전 609년 므깃도에서 네코 2세에게 죽임을 당한다. 몇몇 연구자는 이 기록과 역대하 25장 29-30절에 따라 이스르엘 평원에서의 대규모 전쟁까지 이어지는 유다와 이집트 간 군사 충돌이 있었던 것으로 말한다.

그러나 단순히 추정해 보면, 네코가 주전 610년 왕권을 차지했을 때 이집트 봉신 요시야는 새 파라오에게 충성맹세를 하기 위해 문안해야 했다는 것이 적절하다.

그렇다면 요시야 재위 시기를 어떻게 생각해야 하는가?

요시야 왕국은 지역적 의미만 지니고 있었다. 물론, 요시야 당시 북방쪽으로 미미한 영토 확장이 있었고, 옛적 북왕국의 신전 벧엘을 유다로 귀속시켰다. 만일 여리고가 그의 통치 권역 속에 병합되었다면, 요시야는 이후 페르시아 지방 속주 예후드 만한 영토를 통치했을 것이다.

이와 연관하여, '요시야 개혁'의 역사적 핵심이 무엇인지에 관한 질문이 생긴다. 이미 주전 8세기 저물어 갈 무렵, 예루살렘 야웨 제의가 확고히 되고 다른 야웨 성전(아라드, 텔 모차)은 배제된 후, 제의 개혁(왕하 22-23장)은 예루살렘에 국한된 조치로 축소된다. 이것은 분명 야웨 성전의 제의 정화와 관계된 것이고, 정화 중 말과 태양 수레와 이에 따른 신탁 관습(솨마쉬-제의)과 같은 아람-아시리아의 천체종교가 제거되었다.

요시아는 프삼메디그 1세 이후 외교 정치에 적합할 만한 것을 내부 정치에 적용한 것이다. 아시리아인들은 더 이상 관여 세력이 되지 못했고, 유다는 절대적으로 이집트의 영향하에 있었다. 단지 아시리아인들과는 달리, 파라오들은 유다 핵심지역에 대해 관심이 전혀 없었다.

그러므로 요시야의 개혁은 반아시리아적 성향이나 친이집트적 성향은 미비했다. 오히려 그는 히스기야 시절부터 시작된 행정 중심지 라맛 라헬을 통해 알려졌던 그런 발전을 지속시켰다. 예루살렘은 정치, 경제의 건축사업이 아니라, 옛적 관습이나 상징 또는 타 종교 신을 숭배하지 않는 예루살렘 제의가 점차 세력 구도를 형성하는 종교 중심지였다. 지역의 인장 호신부 그림은 시종일관 야웨를 지향하는 새로운 "정통주의"를 보여 주고 있다(O. Keel/C. Uehlinger).

예루살렘 성전에서 야웨만 경배하는 관습의 시작은 이스라엘 종교사에 있어 여타 다른 신들을 배제하고, 한 분 하나님에 대한 명백한 신앙으로 나아가는 아주 중요한 단계가 되었다. 이것은 이스라엘 종교 발전에 정치적 상관관계가 작용하는 전형적 예를 보여 준다.

유다의 중요 도시들에 대한 통제와 예루살렘 문전, 라맛 라헬을 행정 중심지로 삼는 아시리아의 정책은 종교정치적 측면에서 볼 때 야웨 경배 장소로 예루살렘에 집중하도록 그 동기를 부여했다.

예루살렘 도시 자체는 당시 다른 도시들, 가령 해변의 아슈켈론이나 쉐펠라의 에크론보다 명백히 더 작았고 그 어떤 중요한 역할을 하지 못했다. 예루살렘의 중요성은 정치적, 경제적 측면에 있는 것이 아니라 종교적 측면에 있었다. 그 도시는 한 성전, 그리고 오늘날 구약성경에 개정작업 형태로 그 흔적을 찾아볼 수 있는 그런 문헌

저작을 시작했던 주전 7세기 서기관 엘리트들을 관장했다.

5. 네부카드네차르 2세와 예루살렘 점령(주전 598/97과 587/586)

주전 609년 요시야의 죽음부터 주전 587/6년 예루살렘 함락까지의 사건들은 곧바로 연달아 터진다. 므깃도에서 요시야를 죽인 후 파라오 네코 2세는 신바빌로니아와 전투 중이던 아시리아인들을 지원하고자 북방으로 진군한다.

그때 유다의 지방 귀족들은 요시야의 어린 아들 여호아하스를 왕으로 즉위시킨다(렘 22:11은 '살룸'으로 칭함). 약 3개월 후 여호아하스는 리블라에 있던 네코 2세의 군영으로 소환되어 폐위되고, 그는 이집트로 유배된다(왕하 23:33-34). 네코 2세는 유다인에게서 넘겨받은 요시야의 큰 아들 엘리야김을 왕으로 지명하고, 그의 이름을 여호야김(주전 608-598)으로 개명한다.

유다의 왕위계승권이 예루살렘에서 족히 500킬로미터 떨어진 이집트의 한 군영에서 규율되었다는 사실은 파라오 네코 2세가 유다 왕국을 정치적으로 가볍게 보았다는 것을 방증한다. 한 도시의 왕이 친이집트적으로 세워지고 조공을 바치는 한, 누가 그곳에서 다스리든 그것은 결과적으로 중요치 않았다. 열왕기하 23장 33, 35절에 따르면, 네코는 새 왕으로 즉위한 여호야김이 예루살렘으로 되돌아오기 전에 그에게 아주 많은 조공을 부과한다.

바빌로니아의 태자 네부카드네차르는 주전 605년 유프라테스 카르케미쉬에서 이집트 군대를 물리친다. 그의 아버지 나보폴라싸르 사후 왕위에 오른 네부카드네차르 2세는 후속타로 하맛(북시리아)과 시리아/팔레스타인을 자신의 통제 안에 두게 된다. 다른 지방 통치자들처럼 유다의 여호야김은 바빌로니아의 봉신이 된다(주전 604).

이를 통해 남부 레반트는 13년 동안 아시리아, 이집트, 그리고 세 번째 패권인 바빌로니아의 지배를 받게 된다. 행정체계는 또다시 바뀌지 않고, 운영적 측면의 교체만 일어난다. 종전의 이집트인들과 마찬가지로, 신바빌로니아인들 역시 통제력을 행사하는 지역을 위한 별도의 행정을 신설할 시간이 없어 잘 운영되던 아시리아의 체계를 재차 이어서 사용했다.

패권의 신속한 교체와 네코 2세로 인한 예루살렘 왕권의 변화는 예루살렘의 정치화로 이어지게 된다. 예레미야서의 정보에 따르면, 주전 7세기에서 6세기로 넘어가는 어간에 친이집트파와 친바빌로니아파가 공존했다(렘 36장).

신바빌로니아인들이 주전 601/600년 이집트 국경에서 치른 결전에서 이집트를 물리칠 수 없게 되자, 여호야김은 조공을 중단한다. 이집트인들이 이 후속전으로 가자를 점령했지만, 시리아/팔레스타인은 여전히 신바빌로니아인들의 손 아래 있었다.

예루살렘에 대한 네부카드네차르 2세의 응징은 지연되었지만, 이에 대한 강도는 더 세진다. 〈바빌로니아 연대기〉에 따르면, 그는 제7년(주전 598/97) 예루살렘을 향해 진공한다(*HTAT* 258). 여호야김이 죽었을 때(왕하 24:6), 바빌로니아 군대에 항복하여 예루살렘 파괴를 막은 이는 그의 아들 여호야긴이었다. 여호야긴은 바빌로니아로 유배되었고, 〈바빌로니아 연대기〉에 따르면, 그는 왕궁 내에서 정치 포로로 살게 된다(*HTAT* 265-267).

〈바빌로니아 연대기〉에 따르면, 네부카드네차르는 "그의 마음에 합한 한 왕"을 임명하고 "무거운 조공"을 받아 바빌로니아로 가져갔다(*HTAT* 258 [II'], 13). 전리 품목으로는 성전 기구(왕하 24:13; 비교, 렘 27:18-22)와 일부 예루살렘 엘리트가 있었고, 이들 중에는 왕가의 일원도 포함되었다.

요시야의 또 다른 아들 마탄냐가 예루살렘 왕이 되었으며, 그는 시드기야(주전 597/96-587/86)란 이름으로 신바빌로니아가 주전 594/93년 바빌로니아 반란으로 약해질 때까지 봉신왕으로 지낸다. 바로 신바빌로니아가 약세일 그때 이집트의 파라오 프삼메티크 2세(주전 597-589)는 남부 레반트와 접촉하고, 주전 591년 누비아 원정 후 블레셋 지역에 대한 권력 시위를 한다(*HTAT* 257).

이때 시드기야는 자신이 이집트인들, 특별히 파라오 아프리에스(주전 589-570)를 통해 지원을 받고 있다고 착각하고(렘 44:30), 바빌로니아에 바쳤던 조공을 중단한다.

라기스의 한 도편 자기는 "군 최고 명령권자 엘나탄의 아들 콘야후"가 "이집트로 가기 위해 내려왔다"(*HTAT* 262)고 말한다. 이것이 공식적 원군 요청든, 아니면 군 최고 서열자가 전망 없는 상황을 보고 스스로 사임한 것이든 그 결과와 상관없이, 아프리에스도 그의 선임자인 프삼메티크 2세도 유다에는 관심이 없었다. 그들의 활동은 해안평야의 무역 도시에만 집중되었다(비교, 렘 37:5,7; 44:30; Herodot, Hist. II, 161).

예루살렘에 대한 네부카드네차르 2세가 또 다른 응징이 있었는데, 그는 이에 직접 관여하지는 않았다. 네코 2세때처럼, 그는 오론테스 리블라에 머물고 있으며 그의 총사령관 네부사라단을 파송한다. 네부사라단은 주전 588년 예루살렘을 포위하고, 주전 587년 그 도시를 함락한다. 시드기야는 도망치려 시도했으나, 여리고에서 붙잡혀 네부카드네차르가 있는 리블라로 압송된다. 그는 그곳에서 그의 두 아들의 죽음을 보아야 했고, 눈이 먼 채 바빌로니아로 유배를 당한다(왕하 25:7; 렘 52:11).

네부카드네차르 2세는 예루살렘 함락 이후 그 도시를 파괴할 것을 명령했을 것으로 추측된다. 이 파괴 명령이 성전에도 해당되었는지 분명치 않다. 신전 파괴는 통상적인 바빌로니아의 전쟁관습과 일치하지 않지만 옛적(주전 8세기) 자료에 증빙되어 있다.

물론, 예레미야 39장 8절은 성전 파괴를 언급하고 있지는 않다. 설령 성전이 파괴되었더라도 일부 훼손을 생각해야 한다. 왜냐하면, 예레미야서(41:5)와 스가랴서(7:3)에 따르면, 주전 587/86년 이후에도 예루살렘에 성전 제의가 존재했다.

고고학자들은 남동쪽 언덕(아히엘[Ahiel]의 집, '칙서의 집')뿐 아니라, 예루살렘 북쪽 성벽에서 파괴 흔적이 발견되었다. 이런 자료를 통해 이전 연구 결과와 달리, 더 이상 예루살렘의 전체 파괴를 생각할 수 없게 되었다. 네부카드네차르의 응징책은 우선 예루살렘과 남서쪽 라기스와 아세가/텔 자카리예(Tell Zakarīye, 비교, 렘 34:7)에만 해당했다.

베냐민 영지인 북쪽은 거의 손상 없이 남아 있었다(미스바). 남부 몇몇 네게브 요새(아라드 지층 IV, 호르바트 우짜, 호르바트 랏둠, 텔 이라,

델 엘 밀흐)가 주전 6세기에 파괴되었지만, 이 파괴는 주전 597/86년의 사건이나 신바빌로니아인들에 의한 것으로 볼 수 없다.

에돔 사람들은 예루살렘 함락에 신바빌로니아인들과 공조하지 않았지만, 그들은 이 상황을 이용하여 아라바로 향하는 무역길을 자신들의 통제하에 두게 되었을 것이다. 역사적으로 에돔에 대한 부정적 상이 있다면, 바로 이 부분에서 비롯된 것일 것이다(비교, 렘 49:20-22; 욜 4:19; 옵 1-2,8; 시 137:7; 애 4:21-22).

최종적으로 얼마나 많은 사람이 바빌로니아로 강제 이주되었는가는 불명확하다. 이에 대해 포로의 수가 상위 1만 명(왕하 24:14,16)이란 보도에서부터, 모든 사람이 붙들려 감(왕하 25:11-12), 그리고 마침내 신화적 "빈 땅"에 이르기까지 다양한 정보가 있다.

특히, 예레미야서(52:28-20)는 구체적 숫자를 언급한다. 주전 598/97년 유다인 3,023명, 주전 587/86년에는 823명, 주전 582년에는 745명의 사람이 유배된다. 문자 그대로 그 숫자를 취하든 그렇지 않든, 이 수치는 주전 598/97년의 함락이 주전 587/86년보다 더 심각했다고 말한다.

6. 요약

고대 이스라엘 역사는 주전 587/86년의 사건으로 중대한 휴지기에 이른다. 북왕국 이스라엘이 주전 722/20년 멸망한 이후 이제 유다 왕국도 끝을 맞이한다. 엄격히 말하면, 주전 9세기 오므리 왕가 시절에만 정치적 독립이란 아주 짧은 국면이 있었고, 그 이후 공식적으로는 아시리아에 의존하는 장기 국면에 들입한다.

두 왕국의 발전은 신아시리아의 서부 팽창 맥락에서 보아야 한다. 아시리아의 팽창은 문화적 발전의 동력이 되어 처음에는 이스라엘이 30-50년간 지연되기는 했지만 그다음은 유다가 문화적 중흥을 경험한다. 예루살렘 왕들은 아하스(주전 738) 이후 신아시리아의 봉신이었으며, 그들이 봉신 지위를 수용하는 한 왕국은 번영한다.

므낫세가 55년 재위 기간 중 이에 성공적이었다면, 그의 전임자 히스기야는 전혀 달랐다. 성경의 역사서술은 히스기야를 중요한 왕으로 경축하지만 그의 외교 정책은 그렇지 못했다. 그는 이집트의 도움을 의지하여 반아시리아 동맹의 일원이 되었다. 하지만 그 동맹체는 생성만큼이나 빠르게 소멸되었다.

그 결과로 아시리아는 예루살렘에 응징 정책을 폈고 히스기야는 선회해야 했다. 히스기야는 붙잡아 두었던 에크론의 왕 파디를 양도해야만 했다. 신아시리아 왕 산헤립은 예루살렘의 조공으로 만족했다. 이 사실은 그 시절 예루살렘의 미미한 중요성에 대한 뭔가를 알려 준다.

결과적으로, 유다의 왕들은 고대 오리엔트 세계의 정치적 사건의 음지에서 활동했다. 므낫세는 조공을 바치고 아시리아 이집트 원정을 위해 용병을 내어 주었으며, 유다 내부의 건축사업에도 집중했다. 요시야는 므낫세가 정치적, 사회적 측면에서 예루살렘 내외의 수많은 건축 정책으로 시작했고, 그 핵심에 있어서는 이미 히스기야 시대에 나타났던 바를 종교적 측면의 '제의 개혁'으로 완성했다.

그 개혁은 예루살렘을 종교 중심지로 조정하는 데 있었다. 아마도 유다의 서기관 문화의 장소로 조정된 예루살렘의 종교적 중요성은 신아시리아인들이 그 도시를 전혀 행정 중심지로 이용하지 않았다는 점에서 발전된다.

행정 중심지는 라맛 라헬이었다. 라맛 라헬은 므낫세 시절 브엘세바 분지와 남부 유다에서 획득된 곡물 생산품을 관할했다. 이러한 이유로 인해 정치적 사건에서 음지에 있던 예루살렘은 유다의 종교적 중심성을 차지할 수 있었다.

아시리아인의 봉신으로서 므낫세는 영리하게 움직였던 반면, 그의 후계자의 외교 정책은 성공적이지 못했다. 요시야는 이집트 파라오에 의해 므깃도에서 죽었고, 여호아하스 역시 이집트 파라오에 의해 3개월 후 폐위되었다. 여호야긴과 시드기야 때 예루살렘은 신바빌로니아에 의해 포위되었다.

고대하던 이집트의 도움은 없었고, 예루살렘은 홀로 서게 되었다. 그 도성이 두 번째 함락된 것은 이런 정치적 사건 전개 과정의 종결점에 있다. 두 차례 함락 중 주전 598/597년의 강제 이주 규모가 주전 587/86년의 규모보다 훨씬 심각한 결과를 초래했다. 그럼에도 불구하고 주전 587/86년의 부분적인 성전 훼파는 성경 역사서술의 실제적 전환점이 되었다.

이스라엘 역사는 왕정에서부터 유배까지, 그리고 유배에서부터 유배자들의 귀환과 성전 재건까지로 각 분기점을 형성한다.

제4장

바빌로니아 유배와 페르시아 시대
(주전 587/586-333)

　야웨 종교는 페르시아 시대에 이르러 다양한 면면이 형성되며, 이 시기로부터 고대 유대교의 중요한 특질들이 태동한다. 바빌로니아 유배자들, 예루살렘과 주변부에 남았던 사람들, 그리고 이집트 엘레판틴의 새로운 야웨공동체와 이전 북왕국 토양 위에 세워진 야웨 성전(그리심) 등 야웨 종교의 다채로운 형태의 정체성이 제각각 생겨난다.

　바빌로니아 유배를 눈물과 예루살렘을 향한 깊은 갈망의 상황으로만 상상하지 말아야 하며, 엘레판틴에서도 역시 마치 유다와 예루살렘 상황과 아무런 관계가 없는 혼합주의 야웨 신앙이 보존되었다고 생각하지 말아야 한다. 사실은 정반대일 것이다.

　후기포로기 시대 에스라-느헤미야서의 서술은 신학적 색조가 짙다는 인식과 엘레판틴의 제사장들이 예루살렘의 대제사장과 문서적 소통을 했다는 인식이 주전 6세기 후반에서 4세기까지의 고대 이스라엘 역사 재구성에서 중요한 출발점이다.

1. 바빌로니아 유배

잘 알려진 시편 137편의 구절, "우리가 바벨론의 여러 강변 거기에 앉아서 시온을 기억하며 울었도다"는 수백 년간 바빌로니아 유배에 대한 상(想)을 특징화했다.

사람들은 이스라엘 백성이 착고에 채워진 채 바빌로니아 사람들의 수탈하에 탄식하며 거룩한 도성 예루살렘을 아주 많이 그리워했다고 상상한다. 물론, 이 구절의 1절 상반절은 이에 일치한다. 바빌로니아에는 유배자 정착촌이 있었다. 하지만 이러한 탄원에는 한계가 있다. 왜냐하면, 유배자들은 잘 살았기 때문이다. 그들은 자기 정착촌에서 살며 무역을 했고 이들 중 일부는 노예도 가지고 있었다.

탄식과 실제 사이의 이런 불일치에는 두 가지 이유가 있다.

첫째, 시편 137편은 페르시아 시대 예루살렘 서기관들의 특정 관점을 바빌로니아 유배란 사건 위에 확립하려 했다는 역사상의 맥락에서 읽어야 한다. 그것은 야웨 종교 중 예루살렘 양식만 적법하다는 신학적 입장이 그 토대를 이룬다.

둘째, 주목해야 할 것은 구약성경이 바빌로니아 유대에 대해 정보를 거의 제공하고 있지 않다는 점이다. 유배 시기는 구약성경 문헌에서 "역사적 공란"(Geschichtslücke)이다(R. Albertz). 다만 어떻게 유배가 생겼으며(왕하 24-25; 렘 9장; 대하 36장), 그리고 어떻게 종결되었는지(스 1-2장; 비교, 대하 36장)에 대해 정보만 있을 뿐이다.

그리고 개별적 정보가 있는데, 예를 들면, 그달랴의 통치 실패와 그에 따른 결과(왕하 25:22-26; 비교, 렘 40:1-43:7)뿐만 아니라, 유배 생할 37년 만에 이루어진 여호야긴의 사면 등이 그것이다.

여호야긴은 정치 포로로 있었으며 왕의 칭호를 유지한 채 바빌로니아 왕궁에서 살았다. 네부카드네차르 2세의 궁전 점토판은 주전 592년 한 해 동안, "유다의 왕" 여호야긴과 그의 아들들에게 준 기름의 양을 알려 준다(HTAT 266). 이전까지 왕이었던 여호야긴은 일반적 분량의 20배를 받았다.

열왕기하 25장 22-26절에 따르면, 바빌로니아 왕 아멜 마르둑(주전 562-560) 재위 시절 그의 신분에 변화가 생긴다. 여호야긴은 사면되었으나 이후 그의 운명에 대해서는 알려져 있지 않다. 아마도 그는 그냥 바빌로니아에 머물렀을 것이다.

유다의 왕족과 수많은 공예가는 최소한 주전 6세기 중반까지 바빌로니아 왕궁에 살았다(HTAT 265와 267). 반면, 나머지 예루살렘 출신 유배자들은 도시와 지방에 정착했다. 성경은 이들 중 닙푸르의 그발 강가 텔 아빕을 언급하고 있다(겔 3;15; 비교, 겔 2:29; 느 7:61).

주전 572년(DJE I)에는 닙푸르 근처에서, 주전 498년부터 "유다 도시"(Āl-Yāḫūdu)로 불렸던, "유다인들의 도시"(Āl-Yāḫūdāya)를 추가한다면 유배자들이 새로운 환경을 지속적으로 정비하며 살았다는 것을 말한다. "유다 도시"에 살고 싶은 사람은 누구나 이전에 유다 왕국으로 되돌아갈 필요는 없었다. 그러므로 일부 연구자들은 이 "알-야후두"를 "바빌로니아의 예루살렘"(A. Lemaire)으로 지칭하기도 한다.

주전 6세기와 이른 5세기의 바빌로니아 자료들에 따르면, 유배자들은 전쟁 포로도 노예도 아니었다. 그들은 사회적 신분상 여타 다른 유배자 그룹들과 차별되었던 것도 아니었다. 1892년 닙푸르에서 700개의 토판과 함께 발견된 무라슈(Muraššū) 보관자료와 더불어, 최근에 출판된(L. Pearce/C. Wunsch) 알-야후두와 바빌로니아 동쪽(십파르)의 비트 나샤르(Bīt Našar)의 대략 200개의 문서는 시사하는 바가 크다. 알-야후두는 페르시아 시대 전반부, 그리고 비트 나샤르는 주전 572-477년에 해당한다.

이 본문들은 정착지 형태와 그들의 지위와 종교를 개괄적으로 보여 준다(비교, *HTAT* 274-281). 여러 다른 정착지의 주민 중 바빌로니아 남동부에 위치한 "아브라함의 집 도시"(*Bīt-Abīrâm*)는 (소위 "조상의 집"이라고 일컫는) 유대인으로 이루어진 사회적 연맹체였다. 신바빌로니아 자료들은 각 지파의 4대까지 세대를 재구성해 준다.

신바빌로니아인들은 유배자들에게 황실 땅에서 토지를 경작하도록 할당했다(land for service). 본문에 언급된 "유다 밭"(DJE 24+25)은 관계 수로로 용수를 공급받으며 세습 임차란 방식으로 다음 세대에게 양도되었다(*HTAT* 276-278).

구획된 대지와 경작 관리는 개별 유대인들의 담당하에 있었다. 본문은 다른 사람과 함께 알-야후두의 아히캄과 아히카르 이름하는 행정관을 언급한다. 아히카르는 "나샤르 도시"(Āu-ša-Našar)에서 활동하며, 바빌로니아와의 영업을 뒷받침하고 있었다(DJE 44+55). 각 유대인은 관직에 올라 신분 상승이 가능했다. 주전 532년 한 자료에 언급된 아브디-야후(*Abdi-YāHû*/구약성경의 "오바댜")는 세금 징수원이었다(*HTAT* 274).

토지할당제도 안에서 또 다른 유대인들은 부역(또는 강제 노역)하며 어느 정도 의존적(*šušānu*)으로 살았다. 포로나 노예라는 이미지(시

137:3; 겔 34:27; 바룩 4:32)는 전혀 입증되지 않는다. 이를 방증해 주는 것은 에스겔서 바빌로니아 유배자들이 살던 지역이다(겔 1:1,3; 3:15). 알-야후두의 지리적 경제적 배경은 주전 598/597년 바빌로니아로 압송되었던 에스겔의 예언과 잘 어울린다.

무역상으로 활동하던 한 유다인은 완전히 바빌로니아 경제체계에 통합되어 페르시아 지역뿐만 아니라 아마도 예전의 유다까지 상업 여행을 했을 것으로 추정된다.

무라슈(주전 455-403)의 은행상과 무역상 보관자료는 주전 6세기 후반과 5세기 이후 유배자들의 역사적 연속성과 바빌로니아 사회로의 폭넓은 유다인들의 동화를 방증한다. 여기에 주전 6세기와 4세기의 점토판과 문서들을 추가하면, 주전 598/97년, 587/86년, 그리고 582년에 강제 이송되었던 유다인 대다수는 바빌로니아에 여러 세대에 걸쳐 머물렀다는 사실에는 의심 여지가 전혀 없다.

주전 4세기와 3세기 바빌로니아의 인명록에는 신명적 요소인 'jah'(야)로 작명된 수많은 이름이 나타난다. 'jah'는 구약성경의 신명, 야웨의 축약된 형태이다. 예를 들면, 시편에 '할렐루야'(야웨를 찬양하라!)와 같은 외침에 포함되어 있다. 그러므로 'jah'로 작명된 인물명은 신앙고백적 성격을 지닐 수 있고, 이 이름을 가진 사람이 야웨 하나님을 경배하는 자란 것을 입증한다.

이미 알-야후두 본문과 좀 더 이른 시기의 자료들은 야웨 관련 이름과 바빌로니아식 이름을 나란히 보여 주고 있다. 예를 들면, 한 남자가 바빌로니아식과 유다식 이름을 공히 가지고 있다. 벨-쇼르-우추르(*Bēl-šar-uṣur*/DJE 2)는 바빌로니아의 주신인 벨-마르둑을 지시하고 있지만, 야후-쇼르-우추르(*YāHû-šar-uṣur*/DJE 2)는 야웨 하나님을 지시한다.

또 다른 본문(DJE 77)은 형제 두 명을 언급하는데, 한 명은 바빌로니아의 신 나부(Nabu)를 따라, 또 다른 한 명은 야웨라는 신명을 따라 불린다. 또한, 서부 셈족 신인 아무루(Amurru)와 베델(Bethel)뿐만 아니라, 이집트식, 이란식, 아라비아식 이름과 연관된 작명도 있다.

이런 사실은 유다 출신 유배자들이 바빌로니아 주변 환경과 분리되어 살았다는 것을 말하지 않는다. 오히려 그들은 다중문화 사회의 일원이 되어, 여타 다른 민족과 혼인계약(족외혼)과 유산상속 계약을 맺었다. 알-야후두의 혼인계약은 마르둑, 차르파니투, 나부를 언급하는 바빌로니아 양식을 따르고 있다. 이집트에 거주하는 유다 디아스포라에도 지역 관습법과 족외혼이 있었음을 알려 준다.

그러므로 유배자들은 경제적, 사회적 일원으로 잘 통합되어 이웃 민족들과 활발한 접촉이 있었으며, 바빌로니아에서 몇 세대를 넘어서까지 살았음이 확실하다. 이에 대한 성경 속 연결점은 예레미야 29장의 '쫓겨난 자들에게 보내는 편지'에서 관찰된다.

> 너희는 집을 짓고 거기에 살며 텃밭을 만들고 그 열매를 먹으라 아내를 맞이하여 자녀를 낳으며 너희 아들이 아내를 맞이하며 너희 딸이 남편을 맞아 그들로 자녀를 낳게 하여 너희가 거기에서 번성하고 줄어들지 아니하게 하라 너희는 내가 사로잡혀 가게 한 그 성읍의 평안을 구하고 그를 위하여 여호와께 기도하라(렘 29:5-7).

따라서 유배된 사람 중 일부 그룹만이 유다로 되돌아왔다는 것은 전혀 놀라운 것이 아니다. 에스라 2장의 귀환자 명단에는 분명 역사적 핵심이 있지만, 42,360명의 귀환자 숫자는 현실적이지는 않다.

페르시아 초기, 속주 예후드(Jehud)에는 대략 12,000명(I. Finkelstein) 정도 있었으며, 인구 최대치는 30,000명 정도였다(O. Lipschits).

고고학 발견물로는 대규모 귀환을 말할 수 없다. 페르시아 시대 예후드나 예루살렘 역시 비약적 인구 증가를 반증하고 있지는 않다. 수백 년에 걸쳐 다시 고토로 이주한 인구의 실제 수치는 대략 4,000명으로 생각할 수 있다.

귀환한 사람 중에는 서기관과 수공업자들이 있었다. 이들 특수직 종사자들은 왕실 가족과 더불어 바빌로니아 왕실에서 살았으며, 바빌로니아 외곽의 유배자 정착촌 출신의 사람들이었을 것이다. 아마도 이들은 바빌로니아를 고향처럼 느끼지 못했던 아주 보수적인 사람들이었을 것이다.

따라서 귀환자 그룹은 제2성전 시대의 성경 문학을 규정하는 데 결정적 공헌을 했다. 에스라-느헤미야서에서 중요시되었던 바는 외부와 선명한 구별에 대한 관심과 고대 유대교의 여타 다른 형태들과는 대조적인 종교적 정체성에 대한 관심이다. 구약성경 문헌은 다만 다른 형태의 유대교에 대해서는 거의 보도하고 있지 않다.

2. 페르시아 정책: 주전 539년에서 333년까지

주전 5세기와 4세기의 다양한 야웨-종교의 형식과 유배지에서의 귀환은 당시 정치적 불안정 상황 없이는 불가능했다. 키루스 2세로부터 시작되는 페르시아 대왕의 통치하에서 주전 550년부터 사실상 이름에 걸맞은 대제국이 생겨났다. 캄비세스와 다레이오스 1세에 의해 생겨난 대제국은 서부로는 에게해까지 이르며, 남부 경계로는 이집트, 그리고 동쪽으로는 전 메소포타미아를 포함해 이란고원과 인도까지 이르렀다.

키루스 2세는 주전 550년 미디아인들과 분쟁하여 승자로 부상했고, 주전 547/46년 엘람을 넘어 소아시아까지 그 통치영역을 확장했다. BC 539년, 그의 바빌로니아 진입은 페르시아 시대의 시작을 알렸다. 이때 베벨론 신 마르둑 제사장들이 그를 지원했다.

〈키루스 실린더(원통)〉(*HTAT* 273)에 기록된 저명한 칙령 보도에는 키루스가 바빌로니아 함락을 축하하며 자신을 마르둑 숭배자로 소개한다. 성경 연구자들은 이 왕정 본문과 이사야서의 유사한 진술(사 44:22; 45:1-7)을 근거로 페르시아 대왕들은 관용적 태도를 보여 지역 성소들이 장려되었다고 생각했다. 그럼에도 불구하고 페르시아인들의 종교 정책의 관심사는 패권정치와 경제에 있었다. 이 정책의 내용에는 지역 제의 지원뿐 아니라 억제, 그리고 디디마와 아테네의 예처럼 신전 파괴까지 있었다.

주전 539년 바빌로니아 함락과 신바빌로니아 왕 나보니두스에 대한 승리로 또 다른 점령의 길이 트인다. 비록 키루스 2세는 일찍이 주전 530년 제국의 동쪽 맛사게족과의 야전 전투에서 사망했지만, 그의 후계자들은 페르시아를 세계 제국으로 탈바꿈시킨다.

캄비세스 2세(주전 530-522)는 이집트를 정복했고, 다레이오스 1세(주전 522-486)와 크세르크세스 1세(주전 486-465)는 상단부터 하단까지 제국 전체를 일관성 있게 재편성했다. 물론, 이들 사이에 왕권변화의 정확한 배경은 불명확하다.

캄비세스가 이집트 파라오로 공포돼(526/525, 제27왕조) 바로 직후, 페스세폴리스에서는 자신을 적법한 왕위 후계자로 자처하는 가우마타(Gaumata)라 이름하는 인물의 지휘하에 반란이 일어난다. 캄비세스는 이집트에서 귀환 도중 죽게 되는데, 그의 사망 경위는 불명확하다. 잠깐 동안 왕으로서의 직무를 수행하던 가우마타는 페르시아의 한 지파 귀족에게 살해당한다. 다레이오스 1세(주전 522-486)는 이런 혼란한 틈에 왕으로 등극한다.

메소포타미아에서 아시아 내륙으로 향하는 고대 군사도로에 위치한 베히스툰 기념비는 엘람어, 바빌로니아어, 그리고 고대 페르시아어로 다레이오스 1세의 권력장악과 혼란스러운 왕위에 대해(TUAT I/ 421-449) 말한다. 이 비문은 왕권의 적법성과 종교적 합법성을 논하고 있으며, 혼돈과 질서란 도식에 따라 가우마타 지배는 무질서이며, 다레이오스 1세의 취임은 정돈된 상태의 재시작으로 묘사한다.

엘레판틴의 아람어 판본은 페르시아 대왕의 정치 이념이 전 제국에 유포되었음을 방증한다. 이집트 남부 국경 지대의 페르시아 식민지에서 발견된 이 파피루스는 관청 서기관을 위한 교재로 사용되었던 것으로 추정된다.

이어지는 페르시아 제국 역사의 급속한 왕위 전환은 주전 539년 바빌로니아 점령에서부터 주전 333년 알렉산더 대왕을 맞이한 이소스 전투까지의 정치적 정황이 어떻게 변화되는지를 보여 준다. 주전 5세기가 지남에 따라 제국의 불안정성은 증가한다. 그리스 이오니아 봉기(주전 500-494), 마라톤(주전 490)과 살라미스(주전 480) 전투뿐 아니라, 플라테아 패전(주전 479)에 이어 이집트 반란(주전 464-454)이 있었다.

리비아의 통치자 이나로스 2세(Inaros)는 아티카 해양동맹의 도움으로 나일강 삼각지와 페르시아 행정도시 멤피스를 자신의 통제하에 두고 레반트에 대한 권한을 펼쳤다.

크세르크세스 1세(주전 486-465)와 아르타크세르크세스(주전 456-424/23) 시절, 그리스와 맞섰던 페르시아의 전쟁은 헤로도투스가 기술한(Hist. VII, 151-152) 그리스 도시국가들과의 '갈리아 화약'(BC 449)으로 일단락된 것은 아니었다. 오히려 그리스와 페르시아의 충돌은 지속되었다. 이에 더하여, 화약이 있던 당해 주전 449년, 서쪽 사트랍과 메디아와 소아시아 사트랍의 봉기는 제국에 불안을 유발했다.

남부 레반트에서 이집트의 상황은 특별히 중요했다. 페르시아인들이 주전 454년 이나로스의 반란을 진압했만, 이집트 북부는 늘상 불안정한 용광로였다. 그 상황의 정점은 페르시아로부터의 완전한 결별이었다.

사이스의 아미르타이오스(주전 404-398)가 본토인의 왕조를 설립하여 이집트는 60년간 정치적 자주국이 된다. 제28, 29, 30왕조의 파라오들은 이나로스처럼 블레셋과 페니키아 도시에 대한 정책을 펼쳤다. 그들의 정책은 페르시아인들을 자극했다.

페니키아 사트랍의 봉기가 진압된 이후, 이집트는 아르타크세르크세스 3세 옥호스(주전 359/58-338)의 통치하에 다시금 페르시아에 통합된다. 이 두 번째 페르시아 지배는 아주 잠깐이었는데(주전 341-332), 그 지배는 알렉산더 대왕이 다레이오스 3세 코도만노스(주전 336-330)를 이소스 전투(주전 333)와 가우가멜라 전투(주전 331)에서 이김으로써 종결을 고한다.

3. 페르시아 행정체계와 행정속주 유다

키루스 2세는 바빌로니아 대제국 점령과 동시에 남아 있던 행정 제도를 그대로 인계받는다. 예루살렘 근처 옛적 아시리아의 행정 중심지 라맛 라헬은 파괴되지 않았고, 페르시아인들이 그대로 사용했다. 구약성경이 알고 있듯이 유다는 바빌로니아와 유프라테스 건너편에 속한 페르시아의 행정속주 예후드가 되었다(느 2:7-9; 3:7; 스 4:20; 8:36).

페르시아 시대 예후드의 크기는 정말 작았다고 봐야 한다. 정확히 50x50킬로미터 면적에, 종교 중심지인 예루살렘, 미스바(주전 450년까지)와 행정관청이 있던 라맛 라헬이 전부였다. 예후드의 경계는 점토 항아리에 남겨진 이름 "예후드"의 인장 날인으로 규명될 수 있다. 표본 대다수는 라맛 라헬(307개 = 53%)의 것으로, 예루살렘 출처의 날인(163개 = 28%)은 확인된 바가 적다.

바빌로니아와 유프라테스강 건너편 사트랍이 창설된 이후, 바빌로니아 정복에 참여했던 페르시아 장군 구바루/고브리아스가 사트랍으로 임명되었다. 사트랍 체제는 이미 다레이오스 1세(주전 522-486) 시절, 확실하게는 아르타크세르크세스 1세(주전 465-424/23) 재위 때 제국 행정 재편성의 일환으로 탄생했다.

헤로도토스(Hist. III, 89-91)에 따르면, 속주 예후드는 소규모 하부 단위의 사트랍이었고, 오늘날 시리아와 요르단, 이스라엘과 팔레스타인 자치 지역을 포함했으며, 다마스커스가 이 사트랍을 관할했다. 예후드는 속주 이두메아, 아쉬도트, 도르, 사마리아, 길레아드, 암몬, 모압으로 둘러싸여 있었다.

페르시아 제국의 엄청난 규모의 외연으로, 제국 왕의 첫 목표는 국경 밖 경계를 확고히 하고, 국경 안으로는 엄격한 행정체계로 제국을 통합하는 데 있었다. 페르시아인이 경영하는 우편체계, 단일한 언어(제국 아람어), 그리고 주도면밀한 조세제도가 바로 방편이었다. 이 제도에는 속주가 납입해야 하는 지방과 중앙의 세금 역시 포함되었다.

느헤미아서는 "왕의 세금"(느 5:4)을, 그리고 에스라 4장 20절은 "강(유프라테스) 건너편" 세금(*ebær hannāhār*, Transeuphratene; 비교, 느 2:7-9; 3:7; 스 8:36)을 언급한다. 여기에 총독 지원과 지방 행정과제를 위한 지방세(느 5:14-15)가 포함되었고, 아마도 성전 관리를 위한 세금도 있었을 것이다(느 10:33-39; 13:12).

지방 속주는 경제적으로 점차 증가하는 국제 무역의 행정에서 중심적 역할을 했다. 이에 화폐가 유통되었다. 주전 6세기 동안, 그리스 은전이 이미 남부 레반트에 도입되었다.

대략 주전 450년에는 페니키아 해안 도시들(비블로스, 시돈, 두로), 주전 440년에는 팔레스타인 도시들(아슈켈론, 아쉬도트, 가자)이 자기 고유의 화폐를 찍어 냈다. 처음 화폐 형태는 그리스의 드라크마를 따라갔지만, 이후에는 페르시아 왕의 초상화와 같은 페르시아 모티브(도안)를 취했다. 예후드 역시 주전 4세기 이른 시기에 고유 화폐를 주조했다.

화폐의 출현과 에후드의 늦은 화폐 도입에는 정치적, 경제적 이유가 있었다. 페르시아인들은 이나로스 봉기(주전 464-454)와 이집트의 이탈(주전 404)에 직면하여 남부 레바트를 안정시켜야 했다. 그런 이유로 페니키아 해안 도시에 고유 화폐 발행 권한을 부여했고 배후

속주에도 서서히 화폐가 도입되었다. 이제부터 예후드는 경제권에 있어 이전보다 더 강력하게 통합되었다. 고고학적으로 이 시기에 훨씬 더 많은 숫자의 그리스 수입물들이 발굴되었다. 그 결과 인구가 증가하고 주전 5세기 후반부의 경제가 부흥했다.

정치적, 경제적 변화는 남부 레반트의 페르시아 시대의 두 국면(주전 539-450/450-333)을 구별 짓게 한다(이전 연구에서는 '페르시아 1기'와 '페르시아 2기'로 지칭했다). 이 두 시기 간의 도자기 유형은 큰 변화를 나타내고 있지는 않지만, 이런 시대 구별은 정치적 조건에 부합한다.

예후드는 페르시아 시대 초반부에는 시대사의 주변에 있었지만, 대략 주전 450년 대대적인 정치적 변화로 인해 페르시아인들의 초점에 들어오게 된다. 추측건대, 예후드는 대략 이 시점부터 전 페르시아 제국에 시행된 구조적 정책(중앙집권적 화폐 정치, 단일 행정과 정부 언어, 제국을 망라하는 소식전달체계)의 영향을 받았을 것이다.

예후드가 이전에는 사마리아(Šamirīna)에 속해 있다가 아르타크세르크세스 1세(주전 465-424/23) 때 독립적 속주가 되었는지, 아니면 처음부터 속주 지위와 속주 파송 총독/행정관이 있었다고 해석해야 할지 아직까지 명확한 해명은 없다. 전체적 발전과 고고학적 유물은 전자를 지지한다.

페르시아 초기의 예후드 물질 문화는 바빌로니아로부터 이어지는 강한 연속성을 띤다. 의미심장한 인구분포 변화나 도자기에서 혁신은 관찰되지 않는다(O. Lipschits). 이 두 변화는 주전 5세기 후반부터 나타나며, 주전 4세기는 매우 강렬하게 드러난다.

예후드 날인 인장은 이에 대한 정보를 제공한다. 예후드 날인 인장은 강한 연속성을 나타냄에도 불구하고, 주전 4세기 시작부터 예후드라는 이름이나 그 약어(yhd/yh)를 사용한다. 전체적으로 볼 때, 페르시아인들은 페니키아 도시에 관심이 있었고, (정치적으로는) 이집트에 집중했다.

4. 이집트와 엘레판틴의 '유다인/아람인'

이집트의 예는 통치영역에 대한 페르시아의 정책을 명확히 보여 준다. 주전 525년 캄비세스에 의한 이집트 점령 이후, 페르시아는 예후드의 예에서처럼 해당 지역의 행정체계를 그대로 이어 간다. 하지만 고위 관직은 페르시아인들로 채워진다.

지역 조건을 그대로 이용하는 페르시아 정치는 이집트 우드야호레세넷(Udjahorresenet)의 일대기가 잘 보여 준다. 한 제사장의 아들였던 그는 제26왕조의 마지막 두 파라오 재위 기간 중 이집트 함대의 사령관이었으나, 캄비세스 2세(주전 530-522)가 이집트를 점령한 이후 수석 의사와 페르시아 황실 고문으로 일하게 된다.

우드야호레세넷은 황실에서 옛적 수도 사이스의 신전 복원사업을 관철시킨다. 주전 519/18년 석비 보도에 따르면, 그는 신전 제의의 중요성에 관해 페르시아 왕을 "가르치며", 신전에서 "모든 외국인"을 추방하기를 구하고, 캄비세스에게 "그 신전에 이전과 동일한 모든 특전을 허용해 줄 것"을 부탁한다. 이에 캄비세스는 그곳 신전에서 네이트(Neith) 여신에게 제물을 바치기 위해 사이스로 간다.

또한, 우드야호레세넷은 다레이오스 1세(주전 522-486) 재위 때도 고문으로 관직에 있었으며, 다레이오스 1세로부터 사이스에 신전 서기관 학교(이집트 전문용어로 '생명의 집') 재건축사업의 위탁을 받았다. 서기관들은 "기록들에 따라 이전처럼 그들에게 필요한 모든 것"을 갖추게 된다(TUAT I/4, 603-607).

우드야호레세넷의 예는 페르시아 시대 초기, 페르시아인들의 관심사가 제국 안정을 위해 속주 중요 신전을 후원하는 데 있었음을 방증한다. 사이스는 이집트인들이 세운 마지막 왕조의 수도였다. 이것은 많이 인용되던 구절, 곧 캄비세스가 이집트 신전으로 진군했다(Hist. III, 31-38)는 헤로토토스의 기록과 맞지 않는다는 것을 의미한다.

페르시아의 이 정책은 주전 5세기 이집트 남부 집단 거주지(Kolonie)에서 살았던 야웨 경배자들에게도 해당한다. 20세기 초, 나일강의 한 섬 엘레판틴에서 발견된 한 파피루스 보관자료는 스스로 "유다인/아람인"이라 지칭하는 이 그룹의 정체를 알려 준다.

이 본문에 따르면, 캄비세스 이전, 즉 이집트 제26왕조 시절에 이미 야후(=야웨) 신의 신전이 건립되었다(*HTAT* 285). 이 그룹 중 일부는 사마리아 함락(주전 722/20) 이후 이집트에 도착했고, 또 다른 일부는 남왕국 유다의 몰락 이후 이곳에 정착했던 것으로 보인다(비교. 렘 43:4-7; B. Becking/K. van der Toorn).

엘레판틴의 아람어 기록자료에는 사적 편지와 공적 편지, 계약, 인명록, 도편 기록과 문학이 포함되어 있다. 또한, 다량의 이집트어 본문군(群)이 있는데, 이는 엘레판틴이 이집트에서 중요한 지역이었기 때문이다. 이 본문과 고고학 발견물에 따르면, 야후(Jahu) 신의 신전과 숫양 모양의 이집트 흐눔(Chnum) 신의 신전은 거리 하나를 두고 서로 분리되어 있었다.

섬이 상당히 작기 때문에 다양한 출신의 사람들이 협소한 공간에서 함께 살아야 했다. 엘레판틴은 페르시아인, 이집트인, 시리아인, 카레아인, 메디안, 그리고 유다인/아람인들로 이루어진 '다중문화' 사회였다.

유다인들이 살았던 시가지 남쪽 방면은 흐눔 신전 지구와 경계를 이루고 있었다. 이 양자 사이에 야후 신전과 '왕의 거리'가 있었다. 축제 시 사용되는 대행진 도로에 붙어 있는 야후 신전의 현격한 위치(왕의 거리)는 자연스럽게 오해를 야기한다.

이집트인들에게는 야후 신전에서의 소와 양 희생제의가 흐눔 사원의 공적 제의에 대한 경쟁으로 이해되었다. 흐눔 사원의 제의 의례에서 신들의 적을 멸할 목적으로 소, 양, 염소가 제물로 바쳐졌다.

흐눔 제사장들의 사주로 야후 신전은 주전 410/09년 약탈을 당하고 부분적으로 파괴되었다(*HTAT* 285, 5-8). 그리고 다시 건축된 야후 신전에서는 그 어떤 번제도 없었다(*HTAT* 286). 의문의 여지 없이, 엘레판틴의 주요 사원은 흐눔의 것이고, 야후 신전은 나일강 삼각주에 있는 여러 족속의 신전들 중 하나였기 때문이다.

한 유다 여인, 밉/프타키야(Mib/ptachja) 가족에 대한 기록물은 엘레판틴 다중문화 사회의 생활상을 보여 준다. 그녀는 야웨 신명을 가진 이름("[나의] 신뢰는 야[웨]이다")을 가지고 있고, 한 유다 남성 예자야(Jezaja)와 결혼을 한다.

그러나 이후에 그녀는 이집트 건축가인 파히(Pahi)의 아들 피아(Pia)와 두 번째 결혼을 한다. 그녀가 이 남자와 이혼하고 재산을 나눌 때 엘레판틴의 여자 주신였던 이집트 여신 사테드(Satet)의 이름으로 서약한다.

밉/프타키야(Mib/ptachja)의 세 번째 결혼은 이집트인 에스호르(Esh-or/"[신] 호루스에게 속한")와 결혼이지만, 그녀의 아들들은 "엘레판틴의 유다인" 또는 "시에네의 아람인"이라고 칭해진다(HTAT 290-292).

밉/프타키야(Mib/ptachja) 기록물에는 아주 다양한 계약서가 있었다. 그중에는 열한 명의 증인이 공증한 그녀의 아버지 재산 상속에 관한 증명서, 에스호르와의 결혼계약서, 아들들의 유산분할 계약 등이 있었다(HTAT 291).

문헌 속의 이름들은 문화적 다채성을 들려다보게 한다. 한 증인의 이름은 성경에 나오는 이름 호세아이다. 하지만 그는 '페테-흐눔'(Pete-Chnum)의 아들, 즉 한 이집트 남자의 아들이었다. 비슷한 사례들은 엘레판틴의 야웨 경배자들이 타 종교나 타 민족과 혼인할 수 있었으며, 야웨와 나란히 다른 신들을 숭배했음을 입증한다.

서신의 수신인이나 맹세문의 경우, 야후와 나란히 이집트 신인 흐눔과 세테트뿐 아니라, 바빌로니아 신인 벨, 나무, 솨마쉬, 네르갈도 말해진다. 또한, 팔레스타인-시리아의 신들인 아낫-야후, 아쉼-베텔, 헤렘-베텔과 여신 아낫-베텔도 나온다. 한 징세대장은 아쉼-베텔과 아낫-베텔이 엘레판틴의 야후/야웨 신전에서 함께 경배되었음을 입증한다(HTAT 288).

엘레판틴 유다인/아람인들에게 구약성경의 십계명에 기록된 바와 같은, 오로지 한 신 야후/야웨만을 경배해야 한다는 의미에서의 유일신론 사상은 없었다.

엘레판틴 본문들에서 그들이 모세의 다섯 번째 책(신명기)에 기록된 제의 규정과 법도를 알고 있었다는 흔적을 찾아볼 수 없다. 유다인들은 무교절과 유월절을 경축했으나, 신명기 5장 16절이 요구하는 형태는 아니었다. 그들은 안식일을 알았지만, 그것은 휴일이나 축일이 아닌, 주중의 한 날이었다. 요약하면, 엘레판틴 본문들은 신명기의 핵심 요청을 지향하지 않는 야웨-종교의 다중문화적 형태를 알려 준다(L. L. Grabbe).

성경 전통과의 이러한 차이는 특별히 무게감이 있는데, 예루살렘과 엘레판틴은 서로 잘 알고 있었기 때문이다. 엘레판틴 야후 신전이 주전 410/09년, 시레네 출신 사령관 나피나(Nāfina)가 이끄는 이집트군과 외국 용병의 연합군에 의해 파괴되었을 때, 그곳 유다인들은 예후드의 총독, 사마리아의 권위자들, 그리고 예루살렘 대제사장(*HTAT* 286)에게 문서로 간청했다. 이에 예후드와 사마리아의 총독은 신전 재건축을 허락했다(*HTAT* 286).

이런 교류는 엘레판틴이 야웨 종교의 핵심지와 단절되어 있었던 것이 아니라, 페르시아 제국의 우편제도를 통해 사마리아와 예후드, 그리고 예루살렘 제사장들과 문서 교환을 하고 있었음을 보여 준다.

5. 그리심과 사마리아인들의 야웨 성전

남부 이집트 나일강 삼각주의 야웨 신전과 더불어 페르시아 시대에 또 다른 야웨 성전이 예루살렘 이외의 지역에 있었다. 그 성전은 세겜에 인접한 그리심산에 있었다. 고고학과 본문들은 거의 1만 제곱미터의 이 대형 신전이 예루살렘 성전보다 훨씬 더 클 뿐 아니라 더 중요했다는 것을 말해 준다.

만일 후기 페르시아 시대의 남부 레반트 지역의 대단위 야웨공동체를 찾는다면, 바로 이곳 '사마리아인들'(Samaritaner)이 있던 그리심이지 예루살렘은 아니었다.

'사마리아인들'은 신약성경과 고대 전승에 따르면, 예루살렘과 예루살렘에 실행되는 종교와는 엄격하게 구별될 수 있는 혼합 종교적 그룹으로 묘사되고 있다(요 4:9; 8:48; 행 8:25; Josephus, Antiquitates IX, 296; XI, 230-247; 비교, 왕하 17: 24-41).

역사적으로 보면, 이 그림은 다른 색채를 띤다. 1980년 그리심 발굴은 "사마리아 야웨주의자"(samarische Jahwisten/J. Dušek)라 지칭할 수 있는 그리심산의 야웨 경배자들에 대한 새로운 견해를 불러일으킨다. 정확히 그리심과 예루살렘 두 야웨 신전의 관계 논쟁에 대한 입장을 정리한 결과와 마찬가지로, 한 가지 사실은 의문의 여지가 없다.

주전 5세기에 그리심에 신전이 건립되었고, 그 신전은 예루살렘으로부터 직선거리 45킬로미터 떨어져 있었기에, 그리심의 제의가 예루살렘 야웨 제의에서 완전히 고립되었다고 볼 수 없을 것이다. 오히려 이런 정경은 성경 본문이 소개하는 바와 같이 이스라엘의 초창기 역사를 들여다보는 것과 마찬가지이다.

'이스라엘'과 '가나안'의 연관관계를 체계적으로 소개하고 있지 않은 것과 마찬가지로, 후기포로기 시대의 본문은 '예루살렘'과 '사마리아'의 연결을 의식적으로 가리고 있는 듯하다(B. Hensel).

발굴자 이차학 마겐(Yitzhak Magen)의 해석에 따르면, 그리심의 야웨 신전은 주전 480년에 건립되었다. 페르시아 동전과 도자기, 그리고 탄소 14번 동위원소 측정을 거친 목재 잔재물은 이 신전의 첫 시기를 주전 480-332년으로 말하고 있다.

거의 정사각형인 이 건물은 측면 길이가 98/96미터로 놀라울 정도로 크며 육중한 성벽으로 둘러싸여 있다. 북쪽에는 하솔, 게셀, 므깃도와 유사한 6실 성문이 있다. 거대한 성역 내부에는 주 번제단이 있고, 최소한 하나의 부제단이 있었다. 추측해 보건대, 이 시설은 첫 번째 시기에는 성전이 아니라, 포로기 이전 산당(삼상 9:12-14)과 닮은 개활지 신전으로 존재했을 것이다.

그리심산의 종교적 비문이나 와디 에드-다리예(Wadi ed-Daliyeh)의 경제문서와 행정문서는 폭넓은 스펙트럼을 제공한다. 한편으로는 그리심산의 고전적 야웨 제의가 나타나지만, 다른 한편으로는 옛적 이스라엘 왕국 지역에 (엘레판틴과 바빌로니아에 존재했던 바와 가까운) 다중문화적 야웨공동체가 존재한다.

그리심 신전의 아람어, 히브리어 봉헌 비문은 압도적으로 헬레니즘 시기의 것이지만, 이들 중 몇몇은 주전 5세기와 4세기까지 거슬러 올라갈 수 있다. 대부분의 비문은 아람어로 기록되어 있으며 (Nr.1-381), 예후드의 인명과 전혀 차이가 없는 야웨 경배자들의 이름이 기록되어 있다.

델라야후(Delajahu)나 예호나탄(Jehonatan)처럼 야웨 신명을 가진 이름과 함께, 하나님에 대한 히브리어 어휘의 약어인 '엘'(el)이 포함된 이름, 예를 들면, 이쉬마-엘(Jishmael)이나 엘-나탄(El-natan)도 있다. 신성 네 문자(JHWH)는 고서체 히브리어(Nr. 383; 비교, Nr. 389) 문자와 아람어(Nr. 393) 문자로 쓰여 있다. 더 나아가 성경에도 등장하는 제사장의 이름 비느하스와 엘레아사르(민 25:7,11)도 발견된다.

와디 에드-다리예 출토물은 그리심산 야웨 신전을 봉헌하는 비문과 비교해 볼 때 더욱 국제적이다. 파피루스와 봉인 칙서, 주전 375-332년의 동전은 사마리아의 것으로 보인다. 따라서 사마리아는 페르시아 시대 팔레스타인의 가장 크고 가장 중요한 도시였다. 그 물질 문화는 다중문화적 공동체를 말하고 있다.

야웨나 엘과 관련 있는, 또는 관련이 없는 이스라엘-유다적 이름 (이들 중에 요하난, 하나냐와 느헤미야는 잘 알려져 있다)과 함께 수많은 아람식, 페니키아식, 에돔식, 아카드어와 페르시아식 작명이 병존한다.

일반적으로 파피루스 본문은 노예매매, 그리고 부동산, 대부, 담보와 관련된 사적 계약서들이다. 엘레판틴의 예처럼, 여기에서도 (노예법과 같은) 성경의 선행원리 지향적 요소는 보이지 않고, 바빌로니아 시대 지역의 법, 관습의 영향이 있는 것으로 관찰된다. 법, 관습과 작명법은 모두 서로 다른 종족들이 병존하고 융화되어 살았음을 말해 준다.

와디 에드-다리예의 인장과 주전 4세기 사마리아 동전은 강력한 국제적 영향을 드러낸다. 페니키아의 반신인 베스, 타르수스 바알과 함께, 그리스 신 제우스, 아프로디테, 헤라클레스, 헤르메스와 니케도 있었다. 동시대 예후드 동전에도 그리스 영향이 있었지만, 사마리아에 비해 모티브 스펙트럼은 눈에 띄게 줄어들어 있었다.

6. 페르시아 종교 정책과 예루살렘 제2성전

　엘레판틴과 바빌로니아, 사마리아의 정치적 사건과 행정 구조, 야웨공동체라는 배경에서 예후드의 종교사적 발전을 조망한다면, 우선 한 가지 사실을 반드시 주목해야 한다. 성전 건축에 관한 유일한 신뢰성 있는 구약성경 자료는 이 사건을 다레이오스 재위 시절로 분류한다(학 1:1; 4:8; 비교, 스 4:5, 24). 성경 보도가 다레이오스 1세(주전 522-486)에 관한 것인지, 아니면 다레이오스 2세(주전 423-404)에 관한 것이지는 말하지 않는다.
　그러므로 성전 재건과 이와 연관된 종교정치적 조치는 페르시아 시대 후반부에 일어났을 수 있다.
　이는 곧 그리심의 야웨 신전이 족히 60년간 이어진 후에, 예루살렘 성전이 재건되었다는 것을 의미하는 것일까?
　이에 대해, 구약성경 연구는 그 시대에 있을 법한 각양의 시나리오를 논했다. 연구에서는 그리심과 예루살렘의 라이벌 관계에서부터 소규모 예루살렘 성전공동체가 그리심 대(大)야웨공동체의 지점 신전이었다는 명제까지 이어졌다.
　이전 연구는 오랜 시간 동안 성경의 묘사와 역대하 36장 22-23절과 에스라 1장 1-4절에 의존하여, 성전 재건과 제의 도구 귀환을 규율한 페르시아 왕 키루스의 공적 칙령에서 출발했다. 그럼에도 불구하고 '키루스 칙령'에 대한 구약성경 본문은 더 후대로 분류되며, 키루스 2세(주전 559-530) 시절 성전 건축이란 명제는 입증할 수 없다.
　역사적으로 볼 때, 키루스 2세가 그의 통치 초기에 직접 예루살렘 대한 조치를 명령했다고 말하는 것은 개연성이 부족하다. 그래서 예루살렘 성전 건축에 대한 두 가지 시나리오를 생각해 봄직하다.

첫째 시나리오는 주전 587/86년 예루살렘 함락 이후 (부분 파괴된) 성전 권역에서 야웨 제의가 있었고, 학개 1장 1절에서 언급하는 다레이오스 왕은 다레이오스 2세(주전 423-404)를 말한다는 생각에서 출발한다.

이 시나리오에 따르면, 성전 재건과 종교정치적 조치는 페르시아의 행정속주 예후드가 페르시아의 관심 안으로 들어왔을 때 일어났다고 본다. 관심의 초점을 발생시킬 여지의 사건은 바로 주전 464-454년(이나로스)의 봉기이거나, 주전 449년 유프라테스 건너편 사트랍(메가비조스)의 봉기 이후이다.

대략 450년부터 시작된 경제 재편을 고려한다면, 예루살렘에 대한 종교정치적 조치는 주전 5세기 후반 페르시아 속주 예후드의 확장과 연관이 있다. 종교정치적 조치를 다레이오스 2세에 귀속시키는 것은 그가 야웨공동체의 종교생활에 몰두했다는 사실을 입증한다. 한 아람어 파피루스는 엘레판틴 야웨공동체의 유월절 또는 무교절 축제에 대한 다레이오스 2세의 공적 조치를 말한다(*HTAT* 283).

이 시나리오는 성경의 묘사된 에스라와 느헤미야에 대한 인물상 없이 나온 결과이다.

둘째 시나리오는 고전적 상에 약간의 수정을 가한 것이다. 학개 1장 1절에 언급된 다레이오스가 다레이오스 1세(주전 522-486)이고, 예루살렘 성전은 그의 재위 6년째(주전 515)에 봉헌되었다는 생각에서 출발한다.

이집트인 우드야호레세넷의 경우가 예루살렘에서도 일어났다고 생각해 볼 수 있다. 그것은 점령된 왕국의 수도에 페르시아 대왕의 특사로 파견된 지역 엘리트의 대리인이 종교정치적 조치를 수행하는 예이다. 에스라 3장 2절은 성전 재건에 참여한 스룹바벨이란 이름을 한(비교, 학 2:4; 슥 4:6-10) 다윗 혈통의 일원을 언급한다. 따라서 사이스에서 우드야호레세넷의 행적이 입증된 바와 유사한, 부분 파괴된 성전의 리모델링 조치를 생각해 볼 수 있다.

구약성경은 실제 종교정치적 조치를 페르시아의 특사였던 느헤미야와 제사장 에스라와 연결시키며, 이들의 활동을 아르타크세르크세스라 이름하는 페르시아의 왕과 연관 짓는다. 대체로 느헤미야(느 1:1)는 아르타크세르크세스 1세(주전 465-424/23)와 연관되지만, 에스라의 사역은 아르타크세르크세스 2세(주전 405/04-359/58; 비교, 스 7:7)와 관계가 있다.

구약성경의 정보에 따르면, 에스라는 아르타크세르크세스의 위탁으로 토라를 하나님의 법으로 포고한다. 일반적으로 이 포고는 지역법을 페르시아의 제국법(아람어 *dāt*)으로 승격시키는 임무로 이해된다. 그럼에도 불구하고 이런 절차는 페르시아 제국에서 유례가 없던 것이다. 에스라 7장이 예루살렘 관점에서 기록되었다는 것은 분명하다. 이 본문은 헬레니즘 시대의 것으로 추측된다(S. Grätz).

느헤미야 시대에 대한 성경 속 정보의 역사적 평가는 조심스럽게 이루어져야 한다. 이전 연구는 느헤미야 1-7장과 11-13장을 통해 신빙성 있는 '느헤미야 비망록'을 재구성했던 반면, 최근 연구는 이에 대해 대단히 회의적이다. 느헤미야가 처음에는 수사에 페르시아 황실의 술관원으로 있다가, 파괴된 예루살렘 성에 대한 소식이 그를 너무나 억눌렀기에 예루살렘에 특사로 보내졌다는 추정은 역사적 개연성이 낮다.

그럼에도 불구하고 신학적인 강력한 색채로 묘사된 에스라와 느헤미야 묘사 속에서 역사적 핵심을 찾을 경우, 그 구도는 시대적으로 첫 번째 시나리오와 멀리 떨어지게 될 것이다. 주전 450년 이후, 정치 경제적 발전은 종교 중심지 예루살렘을 경내에 두는 예후드의 가치를 절상시키고, 예루살렘에 종교정치적 조치가 실행되도록 했다.

이 둘 중 어떤 시나리오에 우선권을 두느냐는 여부와 무관하게, 질문할 여지가 없는 한 가지 사실이 있다. 그것은 페르시아 시대 예루살렘이 신전 소국이었다는 사실이다. 고고학적 결과에 따르면, 예루살렘은 주전 587/86년 사건 이후, 좁은 남동 언덕에 있던 옛날 다윗성 크기로 줄어든다. 핑켈슈타인(I. Finkelstein)은 초기 페르시아 시대 예루살렘에는 200-500명 정도의 사람만 살았다고 한다. 페르시아 시대 후반, 즉 주전 450년 이후부터 예루살렘의 인구는 1,000명까지 늘어난다(H. Geva). 이로써 예루살렘에는 엘리판틴 야웨공동체보다 300명이 더 살게 된 것이다. 다르게 말하면, 엘레판틴 제사장들이 주전 407년 예루살렘에 편지를 보냈을 때, 그들은 자신들보다 조금 더 큰 성전공동체에 부탁한 것이다. 이 사실은 예루살렘이 주전 407년부터 초지역적 중요성을 지닌 성전으로 존재했다는 것을 지지한다.

엘레판틴 야웨 제사장의 편지는 한 명의 대제사장 예호하난과 "예루살렘에 있는 제사장들" 그리고 "유다의 명문가들"을 언급한다

(HTAT 259, 18-19). 이 언급은 주전 5세기 말, 제사장 무리와 한 명의 대제사장, 그리고 유대 엘리트들이 있는 예루살렘 성전공동체를 나타낸다.

7. 요약

지난 20년간의 이스라엘 역사 가운데 그 어떤 시기도 페르시아 시대처럼 여러 번의 과감한 수정이 있지 않았다. 이전 연구는 에스라-느헤미야서의 묘사를 따를 수 있다고 믿었다. 하지만 점차 역사적 정황이 이와 달랐다는 것은 의심할 여지 없는 사실이 되었다. 새로운 구도는 야웨 종교에 다양한 형태가 있었다는 것에서부터 시작하여 예루살렘에 대한 조치로 마무리된다.

페르시아 시대의 이스라엘 역사를 재구성하기 원하는 사람은 엄격히 성경 이외의 발견물에서 시작해야 한다. 이로부터 추론된 사실은 주전 5세기와 4세기, 중요성 있는 큰 야웨 신전은 예루살렘이 아니라 사마리아인들의 성산인 그리심에 있었다. 설령 전통적 견해를 따라 예루살렘 성전이 주전 515년에 재봉헌되었다고 생각할지라도, 이 성전은 주전 480년부터 그리심산 신전의 그림자 속에 있었다.

페르시아 왕들이 남부 레반트 지역을 더욱 면밀하게 편성하고 나서야, 비로소 예루살렘은 종교 중심지로 중요성을 차지하게 된다. 바로 이 시점이 주전 450년 이후이다. 새로운 행정 구조가 도입되고, 처음에는 페니키아와 필리스테아, 그리고 주전 4세기부터는 예후드에서 주조된 화폐가 발행되었다. 이 시기에 고대 유대교의 중요한 정체성 표지 형성으로 이어지는 예후드의 발전이 시작된다. 즉, 주중 안식일, 남자 후손의 할례, 토라와 한 분 하나님(유일신론) 신앙 강조.

그 시기에 생겨난 야웨 종교의 다양한 형식은 페르시아 시대의 특징이다. 대략 말하지만 한편에는 보수적 방향으로 흘러간 예루살렘과 그리심에 구현되었던 야웨 종교가 있었고, 다른 한편에는 문화적으로 개방적이며, 국제적 능력을 갖춘 이집트와 바빌로니아의 유배지공동체가 있었다.

주변 지역을 포함한 알-야후두의 바빌로니아 본문군과 엘레판틴의 아람어 본문군은 타 민족과 활발한 교류를 시행하고 이방인과 혼인을 실행하던 (엘레파틴의 경우를 생각하면) 신적 법으로서 토라의 역할은 크게 없는 종교적 정체성의 형식을 띠고 있었다.

그럼에도 불구하고 페르시아 시대 야웨 종교의 다양한 형태는 상호 독립적으로 떨어져 있었던 것이 아니다. 엘레판틴의 야웨공동체는 예루살렘의 성전공동체뿐 아니라 그리심의 공동체와도 서신을 교환했다. 최근 고고학 발견물에 키티온(키프로스)의 '유다인 정착촌', 페르시아 시대 이두메아 신전(Ḥirbet el-Kōm, *HTAT* 338), 그리고 예후드 서쪽 경계 라기쉬에 있던 야웨 신전이 추가되었다. 따라서 이미 그 땅에 다양한 형태의 야웨 종교가 병존했다고 생각할 수 있다.

야웨공동체들의 병존은 페르시아 시대와 이어지는 (히브리 구약성경이 태동했던) 헬레니즘의 시대 동안, 종교적, 특히 역사신학적 문학 작품의 배경이 되었을 것이다. 서로 구별되는 정체성 개념의 병존은 대조되는 두 책, 에스라-느헤미야서와 룻기서에서 나타난다.

제4장 바빌로니아 유배와 페르시아 시대(주전 587/586-333) 123

에스라-느헤미야서는 모든 이방적인 것과 경계를 긋고 이방인과의 혼인(족외혼)을 범주적으로 거절하지만, 룻기서는 이방인 혼인, 그리고 배제가 아니라 통합을 정체성 개념으로 읽을 수 있다.

제5장

헬라 시대(주전 333-63)

페르시아 시대와 마찬가지로, 헬레니즘 시대의 예루살렘과 예후드의 발전은 정치적 변화 맥락에서 살펴보아야 할 것이다. 이 시기를 세 국면으로 나누어 볼 수 있다.

첫째, 상대적으로 짧았던 알렉산더 대제의 통치
둘째, 프톨레마이오스와 셀로이키드의 장기 통치 기간
셋째, 하스모니아 왕정

남부 레반트를 통치했던 세력은 주전 3세기에는 프톨레미 왕가였고, 주전 2세기는 셀로이키드 왕가였다. 그 후 하스모니아 왕가와 함께 본토인이 세운 최후의 왕정이 출현했다. 이어지는 주전 64/63년에는 로마인들이 팔레스타인을 점령한다.

1. 알렉산더 대제와 프톨레마이오스의 부상

제1마카베서 맨 서두(1:1-7)는 마케도니아의 필립의 아들 알렉산더에 대해 보도한다. 그는 젊은 야전사령관으로 페르시아 왕을 격퇴하고 왕으로서 12년간 재위하다가 죽는다.

마케도니아 왕국은 에게해 북서쪽 그리스 세계의 끝자락에 있었으나, 알렉산더의 아버지 필립 2세(주전 360/59-336) 시절, 영향력을 확보한다. 왕국은 군사력 증강, 천연자원 개발(목재와 귀금속), 그리고 그리스 교육 이상의 구현을 통해 개화기를 맞이한다. 필립 2세는 카이로네이아(주전 338) 전투에서 그리스에 승리함으로써 그리스 세계 국가에 대한 주도권을 차지한다. 주전 336년 그의 죽음 이후, 그의 아들 알렉산더가 22세 나이로 통치권을 이양받는다(주전 334).

'대왕'으로 지칭되는 알렉산더 3세(주전 356-323)는 최단시간에 세계 제국을 만든다. 그리스와 발칸 원정(주전 335)에 이어 페르시아를 복속시킨다. 트로이야의 그라니코스강 전투에서 페르시아 제국의 소아시아 사트랍에게 승리한 후, 알렉산더는 이소스 전투(주전 333)에서 다리오 3세(주전 336-330)를 쳐부수고 스스로 페르시아의 대왕이 된다.

알렉산더는 주전 332년 이집트로 진공한다. 7개월간의 포위 끝에 페니키아 도시 두로가 함락되고, 2개월 후에는 가자가 점령된다. 고고학적으로 볼 때, 해안평야를 따라 파괴가 입증되며, 그 도시 중에는 텔 케이산(Tel Keisan 2b), 악코, 므깃도(지층 I)가 있다. 가자와 아쉬켈론 사이에는 2014년 발굴된 페르시아의 군대 초소, 네트브 하사라(Netiv HaSarah)가 있다.

요세푸스에 따르면, 알렉산더는 가자와 두로를 점령하는 기간에 예루살렘 대제사장의 예방을 받는다. 그럼에도 불구하고 『유대 고대사』(Antiquitates XI, 304-345)의 이 에피소드는 비역사적인데, 알렉산더는 이집트에 집중했고 (네부카드네차르 2세가 주전 587/86년에 그랬듯이) 팔레스타인 내륙 점령은 한 야전사령관에게 위임했다. 이때 사마리아가 중요한 역할을 했다. 사마리아는 주전 332/21년 함락 후 마케도니아의 군사 식민지로 탈바꿈되었다.

알렉산더가 이집트를 점령한 후, 그는 스스로 파라오로 등극하고 "아문의 아들"이란 칭호로 자신을 이집트 왕정 이데올로기와 연결시킨다. 그는 카르낙에서는 테베의 아문 신전을 보수했고, 멤피스에서는 아피스 소에게 제물을 바치고, 오아시스 시바(Siwa)로 순례하여 아문 신의 신탁을 구한다. 그때부터 아문은 제우스-아몬으로 숭배된다.

원전 자료들에 따르면, 그가 노력한 종교정치가 결실을 보게 되는데, 이집트 사제들은 알렉산더를 합법적 통치자로 인정하기에 이른다. 그리고 곧바로 심각한 변화가 생기는데, 주전 331년 알렉산더는 헬라 시대에 가장 중요한 메트로폴리스 중 하나이자 이집트의 고전적 중심지, 특별히 테베를 밀쳐냈다고 할 만한 도시로 알렉산드리아를 건설했다.

알렉산드리아는 프톨레마이오스 2세(주전 285/83-246) 때 완성되었지만, 학문, 문학, 철학에 있어 헬레니즘 중심지로의 발전은 알렉산더 대왕 때부터 시작되었다. 알렉산드리아는 이집트 땅에 세워진 그리스 도시(Alexandria ad Aegyptum)였고, 프톨레마이오스 시절에는 타민족의 정착으로 다중문화의 중심지가 되었다.

알렉산더의 계승자 프톨레마이오스 1세 시절 이미 파로스(Pharos) 등대탑 건설이 시작되었다. 이 탑은 고대 7대 불가사의 중 하나로 여겨진다. 얼마 지나 않아 전설적인 프톨레마이오스도서관이 생겨 난다. 이 도서관은 4만 권 이상의 도서를 소장하고 있었다고 추정된다(H.-G. Nseelrath).

일찍이 알렉산드리가 건설되기 전부터 그곳에는 유대인과 사마리아인들이 살고 있었다. 또 다른 유대인들은 주전 4세기 말, 가자 전투(주전 315년) 이후 전쟁 포로로 오게 되었고, 주전 3/2세기에는 난민들이 이곳으로 몰려들었다.

그리스 사가 디오도르(Diodor)에 따르면, 후기 헬레니즘 시기에 알렉산드리아에는 거주민이 30만 명이었는데, 그중에는 이집트인, 그리스인, 유대인, 리키아 사람들과 프리기아 사람들이 있었다. 주전 2세기 후반(대략 125년) 위서이자 서간체 소설, 『아리스테아스 편지』에 따르면 유대인은 도시공동체에 속해 있었고, 제한적이지만 자치 행정권을 가지고 있었다. 그러나 그들은 완전한 시민권을 가지고 있지는 못했다(*Politeuma*, 104).

이러한 다문화적이고, 헬레니즘으로 특성화된 환경 속에서 히브리 성경의 그리스어 번역이 탄생했다. 전설에 따르면, 프톨레마이오스 2세 필라델포스(주전 285/83-246)는 도서관 관장 데메드리오스의 조언에 따라, 이스라엘 12지파로부터 온 각 6인의 번역자에게 유대인의 토라 번역을 완성하도록 분부했다. 그러나 『아리스테아스 편지』의 서술과 달리 히브리어 성경은 단번에 완역된 것이 아니라, 장기간에 걸쳐 번역되었음이 확실하다.

알렉산드리아가 건설된 직후, 알렉산더는 페르시아 제국의 중심으로 진군하기 위해 시리아로 이동했다. 그는 주전 331년 상부 티그리스의 가우가멜라 전투에서 페르시아를 최종적으로 무찌른다. 그리고 그는 주전 480/479년에 벌어졌던 페르시아인들에 의한 아테네 약탈에 대한 응징으로 페레세폴리스의 여러 곳을 불태워 버린다(범헬라 보복).

알렉산더 제국은 주전 327-325년 인디아 원정으로 최대 팽창을 한다. 알렉산더는 서쪽과 아라비아 원정을 준비하던 중 33세 나이로 바빌로니아에서 사망한다(주전 323).

그 결과 당시 합법적 후계자가 없었고, 그의 의붓 형제 아르히다이오스(Arrhidaios)는 정신병자로 간주되어, 거대 제국 통제권을 둘러싸고 군사 엘리트 간 충돌이 생겨난다. 일찍이 알렉산더는 페르시아의 행정체계를 이어받으면서, 자신의 충신들을 지방 사트랍으로 임명했다.

이집트의 사트랍은 프톨레마이오스이고, 시리아와 제국 동쪽의 사트랍은 셀로이코스였다. 이로써 알렉산더는 양대 권력 중심지를 창설했는데, 이 양대 축이 결국 제국 붕괴의 원인이 되었다. 두 중심축은 유데아와 예루살렘과 함께 남부 레반트는 로마인들이 등장하기까지 숨 가쁜 시절을 보내야 했다. 알렉산드리아의 프톨레마이오스 왕조와 안티오키아의 셀로이키드 왕조의 우열 다툼은 그때까지 지속되었다.

디아도케 전투(후계자 분쟁 전투)는 주전 281년까지 이어졌고, 이런 와중에 네 개로 분할된 왕국이 생겨난다. 그리스 본토는 카산드로스에게, 트라키아와 소아시아는 리시마코스에게, 나머지 소아시아와

시리아와 제국 동부는 셀로이코스에게, 그리고 이집트는 프톨레마이오스 손에 들어간다.

팔레스타인과 페니키아 해안은 처음에는 프톨레마이오스 1세 소테르(주전 323-283)의 영지였다. 그는 주전 323-306년까지 이집트 사트랍으로 있다가 주전 306-283년은 프톨레마이오스의 왕으로 다스렸다. 그러나 안티오코스 1세 모노프탈모스와 그의 아들 데메트리오스 폴리오르케테스는 이 지역에 대한 영유권을 주장한다.

주전 315년 가자 전투 때 프톨레마이오스 1세는 바빌로니아 사트랍(주전 321-305)이었으며, 후에는 셀로이키드의 왕으로 다스렸던(주전 305-281) 셀로이코스의 지원을 얻는다. 데미트리오스는 격퇴당하고 속주 코일레시리아는 프톨레마이오스에게 넘어간다.

프톨레마이오스는 주전 302년 예루살렘을 점령했는데, 이 사건은 일단의 유대인이 이집트로 이주하는 결과를 낳는다. 주전 301년, 프리기아 입소스 전투에서 시리아/팔레스타인은 프톨레마이오스 왕조 손에 떨어지게 된다.

주전 274년부터 프톨레마이오스 왕가와 셀로이키드 왕가가 남부 레반트의 패권을 놓고 겨루었던 시리아 전쟁이 발발한다. 주전 200/198년 안티오코스 대제(3세)가 파네아스에서 프톨레마이오스의 야전사령관 스코파스에게 승리하면서, 셀로이키드가 남부 레반트를 다스리게 된다.

2. 프톨레마이오스 통치하의 유다 (주전 3세기)

대략 주전 320-200/198년까지, 옛적 페르시아 속주 예후드는 프톨레마이오스의 지배하에 있었다. 예후드는 리비아, 사이프러스, 이집트와 함께 통화 유통 구역으로 되었던 코일레 시리아의 일부분이었다. 알렉산드리아에서 위탁받은 왕정 공무원은 이 지역에 징수를 수행했다.

주전 260년, 프톨레마이오스 2세의 포고령은 시리아/팔레스타인의 관습을 방증한다(TUAT.NF II, 370-372). 프톨레마이오스의 경제적 관심사는 남부 레반트의 문화적 발전의 동력이 되었다. 프톨레마이오스는 페르시아 행정체계를 개정하여 그리스 영향을 진척시킨다. 그것은 정치적으로 예루살렘과 야웨 성전의 대제사장의 중요성 획득에 기여하며 제국의 정치적 안정과 경제적 번영에 도움을 주었다.

주전 3세기 이집트뿐만 아니라 남부 레반트에 경제 부흥이 있었다. 이 부흥의 어두운 면은 빈부 격차의 심각성이었다. 매일의 빵을 구하기 위해 애쓰는 다수의 농부와 소수의 일부 대지주가 있었다 (TUAT. NF I, 315[2]).

이제 그리스식 명칭 '유데아'로 불리게 된, 한때 페르시아의 속주였던 예후드는 예전처럼 해안평야 너머의 작은 영토를 차지하고 있었다. 하지만 유데아의 산지 정착 밀도는 명확히 증가했다. 당시 유데아의 대략적 인구는 대략 40만 명이나 되었다고 추정된다.

페르시아 시대처럼 유데아의 북쪽에는 그리심산에 야웨 신전을 가진 식민 도시 사마리아가 있었고, 서쪽에는 얌니아(Jaminia)가 중심 도시인 아쉬도트, 남쪽에는 마레샤(Tell Sandaḥanna) 골짜기를 포함한 이두메아 서쪽 부분, 그리고 동쪽에는 암몬인들이 살았다.

발굴된 동전과 인장은 프톨레마이오스가 해안평야에 집중했고 유데아와 예루살렘에서 징수한 세금에 만족하고 있었다는 것을 보여 준다. 프톨레마이오스의 주 관심사는 속주에서 챙기는 경제적 이득이었다.

이집트에는 180가지가 넘는 세금과 요금제를 갖춘 면밀한 조세 체계가 도입되었다. 세금 징수는 정치 프로그램과 결부되어 있었다. 그리스 문화 확대에 기여하는 인물이나 직업군인은 감세의 혜택을 누렸다. 이집트 본문이 입증하듯, "납세자-그리스인"으로 인정받은(W. Huß) 유대인도 이 감세 혜택을 누렸다.

그리스 본토에서처럼 세금을 가장 많이 납부하는 사람은 조세 수납을 위한 용역계약을 체결했다. 프톨레마이오스는 이를 통해 지역장 엘리트의 경제적 관심사를 이용했는데, 이는 타지 사람에 비해 지역민들은 납입 분량의 기대치를 채우는 데 분명한 장점이 있었기 때문이다.

〈제논-서신〉은 프톨레마이오스의 조세 관습의 효과를 보여 준다. 프톨레마이오스의 행정관 제논은 주전 261-239년에 작성된 족히 200개가 넘는 문서를 서고에 보관했고, 그중 40개 문서는 시리아/팔레스타인에 관련된 것이었다.

일을 했음에도 불구하고 자신의 급여를 받지 못한 사람들의 보도가 서신에 기록되어 있다. 노동자의 급여는 일반적으로 농산물이었기에, 이들이 생활의 필요를 채우기 위해서는 돈을 빌려야 했다(TUAT. NF I, 315). 이런 과정 중에 부채, 감옥행, 노예가 생겨났다.

제논 문서에는 제분한 밀의 특정량을 자주 언급하고 있는데, 이것은 유데아가 페르시아 시대처럼 곡물을 생산했음을 말한다. 에루살렘은 점차 중요성을 획득하고 있었지만, 라맛 라헬이 여전히 행정의 중요한 중심지였다.

주전 4세기와 3세기의 312개 날인 인장 중 60퍼센트는 라맛 라헬에, 19퍼센트는 예루살렘에 있었다. 주전 2세기에는 정반대가 되었는데, 142개 중 61퍼센트는 예루살렘의 것이고 22퍼센트는 라맛 라헬의 것이었다(O. Lipschits/D. Vanderhooft).

유데아의 동전들은 프톨레마이오스 모티브(도안)로 주형되었다. 독수리, 프톨레마이오스 2세의 머리, 또는 그의 자매이자 왕후인 아르시노에 2세의 그림이 있으며, "예후드"라는 이름이 각각 기록되어 있다.

오각형 별 모티브가 있는 일군의 인장이 두드러진다. 뿔 사이에는 유명한 다섯 문자 *jršlm*(예루살라임)이 새겨져 있다. 이 인장은 프톨레마이오스적이며 하스모니아 시대로 분류되지 않는다는 점에서(O. Lippschits), 인장과 동전의 병존은 아마도 두 가지 조세체계와 연관될 수 있다. 첫 번째 것은 프톨레마이오스 왕정을 위한 조세이고, 두 번째 것은 예루살렘의 성전세일 것이다. 프톨레마이오스 왕정은 정치적 안정을 이유로 알렉산드리아의 이득이 보장되는 한 성전에 관심이 있었다(P. W. Lapp).

3. 예루살렘과 프톨레마이오스 왕조

예루살렘공동체는 예전처럼 주전 3세기에도 엘레판틴 제사장들의 편지(주전 407)가 보여 준 바와 같은(*HTAT* 285) 형태로 구성되어 있었다. 즉, 대제사장을 정점으로 한 제사장들과 헬레니즘 시대에는 "게루시아"(Gerusia)로 불리던 장로회가 그것이다.

고고학적으로 볼 때 헬레니즘 시대에도 예루살렘에는 여러 다양한 건축이 있었음이 입증된다. 건축사업 중 대부분의 건축은 하스모니아 시대, 몇몇 건축은 프톨레마이오스 통치 시대의 것으로 분류된다.

다윗 도시인 남동부 언덕에 고대 '계단식 석조 구조'(stepped stone structure)의 원형 성벽이 만들어졌다('Macalister-Duncan-Mauer'). 『아리스테아스 편지』의 정보(주전 100-104)가 맞다면, 프톨레마이오스 2세 필라델포스(주전 283-246) 시대에 아크라와 이후 세 개의 축성 도시 중 하나가 건축되었다. 요세푸스에 따르면, 대략 주전 200년경 이 축성 도시가 프톨레마이오스의 주둔군 좌소로 사용되었다(*Antiquitates* XI, 133-138).

물론, 이 정보가 얼마나 정확한지는 질문해 보아야 한다. 예루살렘 히브리대학의 최근 발굴에 따르면, 다윗성의 북서쪽(지도 2) 소위 'Graviti Parking Lot'에서, 요세푸스의 책과 『아리스테아스 편지』에서 묘사한 도시의 최고 지점인 아크라는 발견되지 않았다. 오히려 성전산 수평면 아래쪽에 아크라가 있었을 것이라고 추정된다.

한편으로는 이런 건축 조치는 프톨레마이오스와 셀로이키드의 충돌을, 다른 한편으로는 그리스의 영향력을 진흥하려는 프톨레마이오스의 관심으로 설명된다. 그들의 목표는 프톨레마이오스 왕국의 공적 임무를 인계받을 수 있는 지역 엘리트를 교육하는 것이었다. 이것은 또한 그리스적 요소의 유입으로도 알 수 있다.

이미 유다 왕들의 후기 시대에 그리스에서 수입한 도자기들이 발견되었다(R. Wenning). 그러나 주전 3/2세기에 여러 부문에서 다양한 그리스 문화가 유입되었다. 주전 4세기와 3세기 예후드 동전에는 아테네의 머리, 아틱의 올빼미, 매 등 두드러진 그리스 모티브를 만나게 된다.

모티브 종류는 동시대 사마리아에서 주조된 동전에 비해 분명 줄어들었지만, 그리스 모티브와 지역 전통의 접목이 특징적이다. 동전 표면에는 글자 *yhd*(예후드)가 나타나는데, 좀 더 이른 시기 견본은 *yhwd*로 표기된다. 중앙에 아테네 올빼미를 위치시킨 한 동전은 그 오른편과 왼편에 "제사장 요하난"란 이름이 각인되어 있다(그림 1). 아테네의 올빼미 그림이 있는 또 다른 한 동전은 "총독 히스기야"란 인명이 있다. 이들은 예후드의 공직에까지 그리스 문화가 유입되었음을 방증한다.

[그림 1] 주전 4세기/3세기 예후드 동전 아테네를 뜻하는 올빼미 모티브와 나란히 히브리어로 "제사장, 요하난"이 적혀 있다.

그리스 문화의 유입은 예루살렘 고대 다윗 도시에서 발견된 1,500점이 넘는 항아리 손잡이에서도 보인다. 로도스의 장미와 같은 세속적 모티브와 더불어 태양신의 머리, 포세이돈의 삼지창, 헤르메스의 지팡이, 디오니소스의 축제 꽃다발 등 신의 상징물도 나타난다.

이런 증거물들은 마카베오하에서 언급하는 체조장과 청년학교를 갖춘 예루살렘의 그리스 교육 이상은 대제사장 야손(주전 174-171)이 아니라(2마카 4:9), 이미 프톨레마이오스 시절로 편입되어야 함을 지지한다. 그리스 체조장(*Gymnasion*)은 문학과 음악 교육과 스포츠 활동을 결합한 그리스 교육의 이상이 교류되는 곳이었다. 에페베이온(*Ephebeion*)은 젊은이들을 완전한 시민으로서의 신분을 갖추도록 준비시켜 주었다.

이로써 상대적으로 소도시인 예루살렘에는 전통적 성전학교뿐만 아니라 신설된 그리스 교육기관들이 있었다. 추측건대, 이런 두 문화의 공존은 헬레니즘 시대의 문학 작품들 생산의 한 계기가 되었을 것이다. 유대인의 정체성 표지뿐 아니라 예루살렘 서기관들의 이방인들과의 관계에 대한 역사적 정황은 바로 여기에서 찾을 수 있다.

4. 프톨레마이오스와 셀로이키드의 대제사장들

프톨레마이오스 시절, 예루살렘의 건축 조치는 정치적 정황과 연관이 있다. 주전 3세기와 2세기, 대제사장직의 정치화가 시작되었다. 그리스적 관습에 따라 예루살렘 대제사장직은 프톨레마이오스 통치 때 상속직이 되었다. 그 결과 여러 세대를 거쳐 대제사장직을 수행한 오니아스 가문과 유명해진 예루살렘의 토비아 가문 사이에 라이벌 관계가 형성되었다. 오니아스 가문은 친셀로이키드였지만, 토비아 가문은 친프톨레마이오스였다.

주전 260년 제논 파피루스에는 토비아로 명명되는 지주가 언급된다. 그는 암몬 사람들의 땅에 살던 프톨레마이오스의 군사 식민지의 군사령관이었다(TUAT.NF I, 314-315). 라이벌 관계에 있던 양 가문은 정치적 정황에 따라, 어떤 때는 프톨레마이오스 쪽으로, 어떤 때는 셀로이키드 쪽으로 기울었다.

대제사장 오니아스 2세는 프톨레마이오스 3세 오이에르게테스(주전 246-221) 시절, 조공을 중단한다. 그러자 프톨레마이오스 3세는 재산을 몰수하고 예루살렘을 군사 식민지로 만들 것이라고 위협한다. 이에 오니아스는 자신의 조카, 토비아 가문의 요셉에게 백성의 지도권(*Prostasia*)을 이양한다.

하지만 요셉의 아들 히르칸 때 분쟁이 발발한다. 히르칸은 프톨레마이오스 4세 필로파테르(주전 221-204) 재위 때 예루살렘의 주재자로 임명받았지만, 지금까지 관직에 있던 대제사장 시메온 2세(대략 주전 215-196)에 대해 자신의 직을 관철하지 못한다.

히르칸은 오늘날의 암만 서쪽 족히 17킬로미터 떨어진, 요단 동편 이라크 엘-아미르('Irāq el-Amīr)로 도망한다. 요세푸스에 따르면, 그는 그곳에 유대 신전을 건설했다고 한다. 물론, 고고학 발견물에 따르면, 그 신전은 성전이라기보다는 군사 요새였다.

예루살렘의 변화무쌍한 정치적 지향성은 주전 274-168년, 프톨레마이오스와 셀로이키드가 시리아-팔레스타인의 패권을 두고 겨루던 여섯 번에 걸친 시리아 전쟁과 연관이 있다.

주전 3세기 분쟁에서는 프톨레마이오스가 자기 지위를 유지한다. 프톨레마이오스의 우세는 '대왕'이라 칭해지는 셀로이키드의 통치자 안테오코스 3세 때(주전 222-187)까지도 여전했다. 그는 네 번째 시리아 전쟁(주전 217) 때, 페니키아와 팔레스타인을 통제하에 두려고 시도했으나 라피아(Raphia) 전투에서 프톨레마이오스 4세 필로파토르에게 패한다.

안티오코스 3세는 자신의 통치영역을 소아시아와 동부 사트랍까지 팽창시키며, 마케도니아의 필립 5세(주전 222-179)와 공조한다. 안티오코스 3세의 파네이온 전투(다섯 번째 시리아 전투)는 프톨레마이오스의 총사령관 스코파스에게 처절한 패배를 가했고, 이로써 '시리아와 포이니케'는 셀로이코스의 것이 된다.

요세푸스와 시락서의 정보(시락 50:1-4)에 따르면, 이때 오니아스 가문의 대제사장 시메온 2세(대략 주전 215-196)는 셀로이오코스 3세로부터 성전 경영을 위한 조세감면을 받는다. 그러나 요세푸스가 인용한 서신(Antiquitates XII, 138-144)이 역사적 내용을 담고 있는지는 의문의 여지가 남아 있다.

안티오코스 3세가 정치적으로 노련히 처신했다는 것은 역사적이다. 그는 자기 딸 클레오파트라 2세와 프톨레마이오스 5세 에피파네스와 정략결혼(주전 193)을 가능하게 했던 페니키아인들과 외교적 관계를 잘 수립했다.

요세푸스에 따르면, 안티오코스 3세는 3년간 면세를 보증하며 지금까지 프톨레마이오스에게 지불했던 조공의 3분의 1을 면제하고, 성전 관리자들과 장로회(*Gerusia*)에는 개인세와 인두세를 면제했다. 역사성이 있는 요세푸스의 정보에 의하면, 이와 비견된 조치들은 프톨레마이오스 지배의 이집트에도 잘 알려져 있는데, 제사장이나 교사와 같은 특정 직원들은 세금을 면제받았다.

하지만 팔레스타인과 유데아와 예루살렘 정세의 안정은 세계 정치적 환경의 변화로 이루어졌는데, 로마제국과 함께 예루살렘에 대한 셀로이키드의 정책을 규율하는 새로운 정적이 점차적으로 부상한다.

정치적으로 새로운 총체적 국면은 예루살렘 분쟁과도 맥을 같이 한다. 친프톨레마이오스와 친셀로이키드 당파 간 권력투쟁은 대제사장직 매매의 구실이었다. 합법적인 마지막 제사장은 오니아스 3세(주전 196-175)이다. 그는 오니아스 2세의 조카이며 시메온 2세의 아들로, 셀로이코스 4세 필로파테르(주전 187-175) 시대에 직임을 인계했고, 이때부터 셀로이키드와 로마인들 간의 충돌 국면에 접어든다. 그 결과는 대제사장직의 교체였다.

오니아스 3세 폐위 이후 소요가 발생한다. 이 소요는 예루살렘(오니아스 4세?)의 친프톨레마이오스 그룹이 이집트로 이주하게 되는 구실을 제공한다. 요세푸스에 따르면, 이때 프톨레마이오스 6세(주전 180-145)는 유대 대제사장에게 야웨 신전 건립을 허락한다(Antiquitates XIII, 3888; XIII, 65-71).

이 성전이 레오토폴리스(Tell el-Yehūdīye)에 있었는지, 아니면 헬리오폴리스(성경의 '온', 창 41:51)에 있었는지는 명확하지 않다. 아마도 그곳은 일찍이 존재했던 옛날 유대인들의 정착지였을 것이다.

이집트에는 멤피스, 헤라클레오폴리스, 에드푸와 알렉산드리아와 더불어 고대 유대교의 다양한 형태가 있었다(S. Honigman). 헤라클레오폴리스의 스무 개 파피루스는 유대인들이 폴리토이마(*Politeuma*)로

구성되었다는 것을 입증한다. 즉, 그들에게는 종교 관습과 사법의 자유를 가진 한정적 자치 행정권이 있었다. 헤라클레오폴리스 본문에는 유대 법전 토라 지향성이 명시적으로 나타나 있지 않다.

5. 안티오코스 4세와 마카베오 봉기 (주전 2세기)

주전 176-142년, 셀로이키드에 항거한 유대 마카베오 봉기의 원인은 로마와의 충돌을 통해 확연히 변화된 셀로이키드의 정치와 맥을 같이했다.

마케도니아 왕 필립 5세와 당원 안티오코스 3세는 페르가몬과 로도스를 공격함으로써, 로마에 도전한다. 이에 전쟁이 발발했고(주전 200-197), 그 전쟁은 키노스케팔라이 전투(주전 197)에서 로마의 승리로 끝난다. 얼마 후 안티오쿠스 3세가 카르타고 군사령관 한니발과 함께 그리스를 통제하에 두려고 했던 시도도 실패로 돌아간다.

안티오쿠스 3세는 테르모필레(주전 191) 전투와 마그네시아(주전 190) 전투에서도 패한다. 셀로이키드 제국은 '아파메아 평화조약'(주전 188/87)에 따라 유럽 영토와 소아시아 영지의 일부를 로마와 페르가몬, 로도스에게 양도해야 했다.

안티오코스 3세는 고액의 복구비용을 치렀고, 지금까지 셀로이키드의 세금 정책을 새롭게 정비해야만 했다. 당시 예루살렘의 친셀로이키드 대제사장 시메온 2세(대략 주전 215-196)의 세금 특혜는 철회됐고, 제국 내의 지방 성전에 대한 조치도 새롭게 도입되었다.

안티오코스 3세는 페르시아 수사 인근의 바알-신전을 약탈하던 중에 살해되었다(주전 187). 그의 가족 구성원 중 일부가 로마에 인질로 붙잡혀 있었고, 그중에는 적법한 후계자 안티오코스 4세가 있었다. 이로 인해 셀로이코스 4세 필로파토르(주전 187-175)가 왕좌에 오른다.

셀로이코스 4세는 고액의 복구비용을 로마에 조달하기 위해 성전의 소득을 탈취하려 했다. 마카베오하에 따르면, 그는 예루살렘 성전 보고(寶庫)에 대한 이용권을 수상 헬리오도르에게 위임했다.

마케베오하의 서술은 전설적 색체가 강한데, 이 사건의 역사적 사실을 두 가지 비문에서 알 수 있다. 출처 미상의 한 석비는 헬리오도르에게 보낸 왕의 편지를 언급하고, 쉐펠라 마레사의 석비 파편 3 조각은 셀로이코스가 궁정 관리 올림피오도르에게 코일레 시리아와 페니키아의 신전에 대한 처분권을 주었다고 보도한다.

주전 175년, 헬리오도르가 안디옥에서 셀로이코스 4세를 척살시키자 정국은 새롭게 변화되었다. 안티오코스 4세 에피파니아스(주전 175-164)와 함께, 주전 2세기 성경과 이집트 본문에 암호화된 언어로 언급된 한 통치자가 등극한다. 다니엘서는 그를 "한 작은 뿔"(단 8:9)로 칭하고, 이집트 복코리스(Bokchoris)의 어린양 예언에는 "그 메데인"으로 부른다(H. J. Thissen, 이에 대한 비평 J. F. Quark).

예루살렘의 정황도 안티오코스 4세와 함께 변화된다. 친셀로이키드 궁전 감독관 시메온의 아들(2마카 4:23) 메넬라오스(주전 171-162)는 안디옥의 안티오코스 4세에게 두 배나 많은 조공을 바치고, 이에 대한 반대 급부로 대제사장직을 수여받는다. 그때까지 현직에 있던 대제사장 야손은 요단 동편 땅, 히르칸의 요새가 있던 이라크 엘-아미르('Irāq el-Amīr)로 피신한다.

　매년 은전 660달란트 약속은 너무나 비현실적이었다. 메넬라오스는 그의 책임 분량을 채우기 위해 성전 보고에 손을 댔다. 여섯 번째 이집트 전쟁(주전 170-168) 당시 안티오코스 4세가 패했다는 소문이 돌았고, 종전까지 대제사장이었던 야손은 메넬라오스를 향해 진군하고 아주 난폭한 방식으로 권력을 되찾는다.

　안티오코스 4세는 예루살렘의 권력 교체를 반란으로 간주하고 그 도시를 혹독하게 처벌한다. 이때 성전이 약탈되고 제의 기구는 빼앗긴다. 주전 168년 가을, 안티오코스 4세가 그의 장군 아폴로니오스를 병사들과 함께 예루살렘에 파견했을 때 위기는 더욱 고조된다. 다윗성과 성전지구(그 끝자락에 아크라에 있던 셀로이키드의 주둔군 시설이 있다)에서 무력적 충돌이 있었다(2마카 5:24-25).

　마카베오하의 서술과 달리 안티오코스 4세의 조치는 종교정치적이지 않았다. 그의 관심사는 유대 종교에 대한 저지나 야웨 제의의 폐기가 아니라, 지속되던 동요로부터 안정을 되찾는 것이었다. 대제사장들은 정치적으로 예루살렘을 셀로이키드에 대한 분쟁의 화로로 삼았다.

　대제사장 메넬라오스가 안티오코스 4세의 조치를 적극적으로 지지했든 그렇지 않았든, 대제사장의 정치적 행보는 셀로이키드가 예루살렘의 헬라화를 더욱 가속시키고 문화적으로 개방적이며 예루살렘 성전 제사장권 반대편에 섰던 세력을 지원하는 동인이 되었다. 예루살렘은 그리스 유행의 도입(2마카 4:13)이나 시민 명부(2마카 4:9)를 통해 안디옥의 작은 폴리스로 변화되어야 했다.

마케바오하가 보도하는 종교정치적 조치의 핵심은 바로 헬라화 촉진 정책이었다. 다니엘 7장 25절과 마카베오하 6장 6절, 10-11절에 따르면, 할례와 안식일이 금지되었다. 또한, 돼지고기 먹는 일과 관련된 정함과 부정함에 대한 구별이 파괴되었다(레 11장).

마카베오하 6장 2절에 따르면, 야웨 성전은 올림푸스의 제우스에게 봉헌되었다. 그리고 이런 조치는 최종적으로 야웨 하나님에 대한 그리스적 해석(interpretatio graeca)으로 수용되었고, 야웨는 그리스 신과 동일시되었다. 하지만 그리스 신으로 유대의 신을 몰아낸 것은 아니었다.

[그림 2] 주전 380년 경, 예후드 동전 뒷면은 날개 바퀴 위에 앉은 신을 보여 준다. 아람어 글귀는 'Jehud' 또는 'Jahu'이다.

이로써 일찍이 후기 페르시아 때 등장했던 현상이 예루살렘에 다시 나타난다. 주전 380년의 한 동전 앞면은 고린도식 투구를 쓴 남자의 머리, 뒷면은 날개 바퀴 위에 앉은 한 신이 묘사되었다(그림 2). 새겨진 글귀는 'Jehud'(예후드) 또는 'Jhw'(야후)이다. 어떤 경우에는 '예후드'와 연결된 신이 표현되고, 다른 경우에는 야웨(Jahwe)라는 신명이 나타난다(O. Keel). 어떤 해석을 하든, 은전은 이미 주전 4세기 후반부터 야웨 신에 대한 그리스적 해석을 보여 준다.

안티오코스 4세는 어떤 면에서는 그동안 예루살렘에 진행되어 온 헬라화의 선을 넘는다. 그는 예루살렘 성전의 희생제물로 돼지를 사용하도록 명한다. 성경에서 "망하게 하는 죄악"(황폐의 가증, 단 8:13; 1마카 1:57)이라고 명명하는 이 조치는 마카베오 전쟁(주전 167-143/42)의 동인이 된 항거에 불을 붙인다.

이 항거의 주도자는 마카베오 맛타티아스(Mattatias)와 그의 아들들이었다. '마카베오'라는 지칭은 그의 셋째 아들 유다의 별칭에서 유래되며, 히브리어로는 맏케베트(*maqqaebaet*), 아람어로는 맏카바(*maqqaba*', '망치')로 불린다.

마카베오는 예루살렘의 전통파와 지방 주민들과 더불어, 헬라파 사람들에 대한 반대 진영을 구축한다. 예루살렘의 상류층과 그들 중 일부인 하시딤('경건한 자들', 비교, 1마카 2:42; 7:12)은 종교정치적 목적을 가지고 있었던 반면, 지방 주민 대표자들의 관심사는 경제였다. 왜냐하면, 이미 프톨레마이오스 왕가 시기부터 지방 사람들은 고액의 세금에 시달렸기 때문이다.

이 전쟁의 초기에 마카베오 사람들은 승기를 잡았다. 당시 안티오코스 4세는 제국 동부 파르티아인들의 공격에 맞서야 했기 때문이다. 주전 164년, 유다 마케베오는 예루살렘에 입성하고 성전을 다시 봉헌한다. 이로써 사실상 셀로이키드의 헬라화 조치 이전 상태로 복구되었다. 헬라적 생활 스타일과 하나님의 법(토라 준수)을 지향하는 유대적 삶의 방식이 여전히 공존했다. 물론, 마카베아서의 서술 방식은 하스모니아 왕가의 정치신학을 사용했기 때문에, 그 충돌에 대해서는 날선 시각으로 기술했다('하스모니아', Josephus, Antiquitates XII, 265; Bell. I, 36).

유다 마카베오는 야웨 제의의 재건에만 멈추지 않고, 다윗성에 요새를 건축하고 길르앗과 갈릴리, 이두메아, 그리고 해안평야로 정복 원정을 단행했다.

안티오코스 4세의 사망 이후 셀로이키드 왕가 내의 왕위 다툼 전쟁이 있은 다음, 셀로이키드의 총독 뤼시아스는 마카베오 왕조를 향해 진군한다. 뤼시아스는 아직 성년이 아닌 안티오코스 5세 오이파토르(주전 164-162)를 위해 임무를 수행하여 벧술을 점령하고 주전 162년 예루살렘을 점령한다.

로마의 지원으로 데메트리오스 1세 소테르(주전 162-151/50)가 새로운 통치자로 즉위하기까지 안디옥에서 지속되던 왕위 다툼으로 인해, 마카베오 왕조의 완전한 패배는 저지되었다. 그럼에도 불구하고 대제사장직은 상실되었다.

마케베오 일파가 셀로이키드에 맞서 일부 군사적 성공(니카토르, 카라르-살라마, 하다솨 전투)을 이끌어냈던 반면, 주전 161년 에라사 전투에서 유다 마카베오는 죽게 된다. 그의 가장 어린 형제 요나단 압푸스의 영솔하에 남은 반란군들은 유다 광야로 물러난다.

안디옥의 정치적 사건들은 마카베오 가문이 그들의 목표점에 도달하는 동인을 제공한다. 알렉산더 발라스(주전 150-145)는 셀로이키드 통치자 테메트리오스 1세와 왕위 다툼 중, 그의 전략가 마크히데스에게 마카베오가(家)와 거래하도록 위임한다. 테메트리오스 1세에게는 자기의 고유한 통치권이 마케베오 세력 저지보다 더욱 중요했다. 그것은 곧 셀로이키드제국의 힘의 향배를 가를 어떤 것이었다.

요나단은 예루살렘 북동쪽 게바의 믹마스에서 사법권을 시행하도록 허락받는다. 그것은 사실상 또 다른 행정부의 설립을 의미한다. 주전 152년 알렉산더 발라스가 이 병존 행정부를 해변 도시 악코에 설립하자, 데메트리오스 1세는 예루살렘과 벧술에서 자기 부대를 철수시킨다. 알렉산더 발라스가 요나단을 자기편으로 끌어드리려고 그에게 예루살렘 대제사장직을 주었을 때, 보수권 즉 '경건한 자들'(하시딤)의 반발이 있었다.

요나단은 사독 계열의 오니아스 왕조 혈통이 아니었다. 하지만 그런 저항은 요나단을 저지하지는 못했다. 그는 이 기회를 이용하여, 셀로이키드의 지원 아래 예루살렘 성전공동체를 인수하고, 안디옥에서 벌어지는 사건들의 언저리에서 자신의 권력권을 팽창했다.

요나단은 이로써 셀로이키드 제국이 공인한 첫 번째 마카베오가의 왕이 되었다. 그는 대제사장직과 세속 통치권이 하나가 된 하스모니아 왕국의 기틀을 마련했다.

6. 하스모니아 왕국

여타 자료가 부족하기 때문에 하스모니아 시대의 재구성은 마카베오서와 요세푸스의 저작에 의존할 수밖에 없다. 이것은 상당히 문제가 된다. 마카베오서의 신학적 아젠다는 명료하기 때문이다.

예를 들면, 문체를 분석해 보면, 마카베오서는 요나단의 형제이자 후계자인 시메온 마카베오(주전 143/42-134)를 다윗이나 부활한 솔로몬(*Salomo redivivus*)으로 재현한다. 그러나 고대 유대교 역사의 범위는 하스모니아 왕가부터 로마의 통치가 시작될 때까지로 한정할 수 있다. 하스모니아 왕가의 창립자 요한 히르킨 1세(주전 135/34-104)를 포함해 요나단의 후계자들은 셀로이키드제국의 권력 관계 변동을 그들의 목적을 위해 잘 이용함으로써 대략 100년간 그들의 권력을 유지할 수 있었다.

요나단은 셀로이키드 통치자 알렉산더 발라스의 재위 시절에, 속주 코일레 시리아의 군사전략가이자 부분통치자(Meriarchie)로 임명되었으나, 정치 진영 사이에 끼여 주전 142년 셀로이키드의 왕 안티오코스 6세의 장군 손에 교수형으로 처단된다.

마케베오가의 지도력은 시몬 마카베오(주전 142-134)에게 이전되고, 데메트리오스 2세는 폭넓은 권한을 부여하여 그의 직을 승인한다. 그는 셀로이키드로부터 예루살렘 아크라를 점령하고 그의 권력을 서쪽으로 팽창시킨다. 이를 통해 유데아는 국제 교역을 직접 할 수 있게 되고, 셀로이키드의 통치자 안티오코스 7세 시데세트(주전 138-129)로부터 화폐주조 권한을 허락받는다.

시몬의 후계자 요한 히르간 1세(주전 135/34-104)는 이 권한을 아주 유용하게 사용한다. 시몬이 스스로 왕으로 표명하지는 않았지만, 그의 시절 예루살렘은 정치적 자율권을 얻게 된다.

시몬이 그의 두 아들과 함께 주전 135년 여리고에서 살해되었고, 그때까지 게셀의 속주 행정관이었던 그의 아들 요한 히르칸 1세가 후계자에 오른다. 그의 통치로 예루살렘은 시드기야 다음 450년이 지난 후 다시 본토인이 왕으로 다스리게 된다.

주전 129년, 셀로이키드의 왕 안티오코스 7세가 파르티아인과의 전투에서 전사하자 데메트리오스 2세가 왕으로 임명되었다. 그때

요한 히르칸 1세는 이 시절의 이점을 이용해 자신의 군대를 동원하여 남쪽과 북쪽의 주요 무역길을 통제하게 된다.

하스모니아 왕조는 사살상 헬라화되었지만, 그들은 자신들을 유대 민족의 관심사의 대리인으로 표방했다. 예를 들면, 그들은 '현대적' 아람어 정방형 문자가 아닌, 고서체 히브리어 문자를 사용하여 동전을 주형했다.

요한 히르칸 1세 때 주조된 동전의 한편은 닻이, 다른 한면에는 백합이 있다. 닻은 셀로이키드의 상징이고, 백합은 일찍이 모티브로 페르시아 시대부터 사용되었지만 하스모니아 왕가의 상징이다.

일부 동전에는 "대제사장, 헤베르(ḥeber)의 최고자, 예호하난/요하난" 또는 "… 그리고 헤베르 하예후딤(ḥeber hayehudīm)의 최고자"란 말이 새겨져 있다. 이 글귀는 유대회 또는 유대 민족으로 이해될 수 있다(Y. Mosherer; E. Regev).

요한 히르칸 1세는 주전 112/11년, 그리심 성전을 파괴했다(Josephus, Antiquitates XIII, 254-258). 나중에는 예루살렘과 그리심의 야웨 경배자들 간 교파가 분열된다. 북쪽의 야웨 경외자들은 예루살렘 관점에서 보았을 때 변절자들이었다. 그래서 '사마리아인'(Samaritaner)이라는 지칭은 이때부터 부정적 의미를 담게 된다.

팽창 정책으로 북쪽으로는 갈릴레아, 남쪽으로는 이두메아가 병합되었다. 동시에 요한 히르칸 1세는 내적 강화에도 힘썼다. 그는 예루살렘 성벽을 재건하고, 성전산 북쪽, 오늘날의 구(舊)시가지 구역에 하스모니아 왕조의 관저 바리스(Baris)성을 건설한다. 이로써 그는 오늘날 구시가지 서쪽 성벽 근처까지 연결되는 초기 하스모니아 시대의 건설 정책을 이어 갔다(오늘날 '요새' 구역의 발굴; 알렉산더 얀나

이 시절 동전). 여리고에는 헬레니즘 스타일의 겨울궁전이 건설되었는데, 후에 헤롯이 이를 개축한다.

요한 히르칸의 후계자들은 예루살렘을 확장 건설했다. 예를 들면, 아리스토불 2세는 새로운 궁전을 건설했다. 이로써 하스모니아의 통치 기간 중 예루살렘은 헬레니즘 초창기 작은 성전 도시에서 대형 성벽과 왕궁 3개(성전 고지의 남, 북, 서쪽)를 갖춘 대표적 도시로 변모했다. 주민은 8,000명 정도로 증가했다(H. Geva).

북방 팽창 정책은 히르칸의 아들이나 후계자인 유다 아리스토불 1세(주전 104-103)가 지속했고, 그 결과 갈릴리에는 큰 정착촌이 형성되었다. 알렉산더 얀나이(주전 103-76) 때 하스모니아의 통치영역은 더욱 확장된다. 이제 전체 갈릴리와 골란, 요단 동쪽 땅에서부터 사해 바다 남쪽뿐 아니라, (아쉬켈론까지) 해안 지구를 포함한 전체 요단 동쪽 땅도 하스모니아가 통제하게 된다. 정복 중에 강제 유대화가 이루어졌다. 할례에 반항하는 자는 추방되었다.

이에 하스모니아의 통치에 대한 항거가 있었다고 요세푸스는 말한다. 제2성전 시절 '경건한 자들'(하시딤) 일파에서 태동한 바리새인들은 셀로이키드 통치자 데메트리오스 3세 오이카이로스(주전 95-87)의 도움으로 하스모니아의 왕 알렉산더 얀나이를 몰아내려고 했지만 실패했다.

알렉산더가 죽은 후 새로운 섭정자 살로메 알렉산드라(주전 76-67)는 안정을 위해 노력했다. 예루살렘 상류층과 제사장들은 사두개인들과 함께 군권을 가진 그녀의 어린 아들 아리스토불 2세(주전 67-63) 편에 섰다.

아리스토불 2세와 대제사장직을 가지고 있던 큰아들 요한 히르칸 2세(주전 76-67/63-40) 간 권력투쟁이 발생했고, 로마 야전사령관 폼페이우스가 이 사건에 개입한 후 종식된다. 그래서 살로메가 사망(주전 67)하고 권력이 로마인에게로 이양되기(주전 63)까지 불안정 국면으로 점철된다.

하스모니아 통치 후기 국면에서 유데아에는 예수님 시대와 신약성경의 저술 시기에 등장했던 종교적 분파들이 두드러지게 형성된다. 이름하여 바리새파, 사두개파, 에세네파이다. 주전 2세기 말 또는 주전 1세기 시작 어간에 쿰란공동체가 태동했다. 이들은 그리스화된 하스모니아 왕가와는 반대로 비정치적이고 이스라엘의 거룩한 문서를 지향하는 유대교를 대표한다.

7. 쿰란

1947년 사해 바다의 히르벳 쿰란(Ḥirbet Qumrān) 인근에서 두루마리 문서가 담긴 점토 항아리가 발견되었다. 학자들은 이를 신속히 요세푸스의 저작과 고대 역사가들이 언급했던, 금욕적으로 사는 유대공동체(Plinius, Hist. nat. V, 73), '에세네파 사람들'과 연결 짓는다.

그러나 '쿰란'은 사실 자신들을 '참이스라엘'로 간주했던 일단의 그룹으로 '공동체'(*Ha-Jachad*)로서의 정체성을 갖는다. 이 공동체는 성경 문헌과 성경외 문헌을 연구했던 성경 전승의 전수자 그룹 중 한 그룹이었다.

공동체 규율(1QS V-VII)의 가장 오래된 판본은 시편 1장 1-2절과 자신들을 연결하는데, 다음과 같다.

> 불경자의 조언을 따라 행하지 않고, 조롱자의 자리에 앉지 않고, 야웨의 토라를 즐거워하며, 밤낮으로 그분의 토라를 숙고하는 자는 복이 있다.

다음과 같은 규정도 있었다.

> 스스로 불법한 남자들의 총회에서 떨어져 나와 토라와 소유에서 공동생활을 한다(1QS V, 1-2; Kratz, 2017, 229)

이 규정은 몇몇 다른 본문에서도 분명히 암시하는 바와 같이 하스모니아 왕가에 대한 경계를 나타낸다. 쿰란 문학에서 자주 언급되는 "의의 교사"는 "진노의 사자"(4QpNah II, 2.8; 4QpHos^{b}f2,1)로 불리는 하스모니아 왕가의 알렉산더 얀나이, 거짓 선지자 목록에 있는 "불경한 제사장" 요한 히르칸(4Q339)과 대립한다(1QpHab XI, 4-8).
전투 행위(Jesaja-Pescher, 4Q161 f5-6,5-13)나 본문의 역사적 풍유는 쿰란공동체가 마카베오 일가와 하스모니아 왕가, 그리고 예루살렘 성전의 제사장과 레위인들과 자신들을 구분하고 있음을 보여 준다. 그들은 스스로를 성경 본문에 언급된 이스라엘과 맺은 하나님의 "새 언약"(렘 31:31; 비교, CD I-VIII; 1QS I-III)을 이어받은 참이스라엘로 이해한다.

쿰란공동체 규율(QS)과 다메섹 문서(CD)의 다양한 규정은 이 공동체가 시간이 지남에 따라 유데아 여러 곳에 살았으며, 공동생활 규칙을 새로운 정황에 맞추어 거듭 수정했음을 보여 준다. 입회를 원하는 자는 엄격한 생활 규칙들에 복종해야 했다. 이 공동체는 굉장히 계층적이어서 지도적 직임과 회원의 여러 등급이 존재한다.

규율(QS와 CD)은 성경적 이스라엘 백성의 이상(진영 편성과 제사장들이 이끄는 공동체)을 지향하고 있다(비교, 민 3장). 공동체가 보존하는 성경 전승의 중심에는 율법과 기도가 있다. 왜냐하면, 모세의 율법에 따른 삶과 개인적 기도와 찬양은 그들에게 밀접하게 연결되어 있었기 때문이다.

쿰란의 중요성은 또한 그곳에서 발견된 두루마리 문서에서 발견된다. 간략히 요약해 보면 다음과 같다.

첫째, 이 두루마리들은 당시까지 알려진 성경 각 권의 최고 필사본이다.
둘째, 아람어와 히브리어로 기록된 성경 정경에 포함되지 않는 문서의 복사본('외경')이다.
셋째, 공동체 규율(1QS), 다메섹 문서(CD), 하다이오트(1QH[a]) 등 쿰란공동체에 직접 속한 문헌이 있다.

이 분파의 지향점인 "의의 교사", 엄격한 정결규례, 선과 악의 강력한 이원론('어둠의 아들들', '빛의 아들들') 또는 최후의 거룩한 전쟁에 대한 고대(1QM) 등은 성경 속 선행(先行)을 넘어선다.

만일 주전 2세기에 모든 정치와 헬레니즘과 떨어져서 스스로 성경 전승의 토양 위에 있다고 이해하는 한 유대공동체를 찾는다면, 그 공동체는 예루살렘이나 알렉산드리아가 아니라 사해 바다 변두리에서 찾을 수 있다(R. G. Kratz).

8. 전망: 로마 지배하의 팔레스타인(주전 63년-주후 70년 제2성전 파괴까지)

로마의 야전사령관 폼페이우스는 셀로이키드제국 점령(주전 64)과 팔레스타인 점령(주전 63) 후, 시리아/팔레스타인의 경계를 새로 확정을 짓는다. 팔레스타인은 로마 총독 아우루스 가비니우스(주전 58-54)하에 있었지만, 살로메 알렉산드라의 두 아들 간 분쟁은 지속되었다.

살로메 알렉산드라는 히르칸 2세를 대제사장에 아리스토불 2세를 총사령관에 임명했다. 주전 45년부터 일어난 율리우스 세자르와 폼페이우스 간의 로마 내전 당시, 요한 히르칸 2세와 이두메아 통치자 안티파트로스는 세자르의 편에 선다.

세자르는 승리 이후 이 두 사람의 충성심에 포상한다. 히르칸 2세는 "로마의 친구"로 임명되고, 안티파트로스는 집정관(Prokurator)으로 승격된다. 이후 아티파트로스의 아들 헤롯이 갈릴리의 로마 총독으로 임명된다.

주전 44년 세자르가 암살되자 헤롯은 로마로 도피했으나 주전 40년 로마 원로원으로부터 "공식 왕과 로마 백성의 친구"(*rex socius et* amicus populi)로 임명되어 유데아의 왕이 된다. 이제 하스모니아 통치는 최종적으로 막을 내리고 헤롯가의 통치가 시작되었다.

헤롯은 신약성경에서 어린이 살해(마 2:16) 등으로 부정적으로 묘사되지만, 그의 긴 통치 기간(주전 37-4) 전 팔레스타인(자유 도시 '데카폴리스'까지)은 안정된 가운데 경제적으로 개화했다.

그리고 헤롯은 파괴된 요새들을 다시 축성했다. 그중 사해 바다의 마사다가 있다. 이 외에도 여러 요새를 세웠다. 해변에는 가이사랴 마리티마라는 큰 항구도시가 생겨났다. 가이사랴 마리티마는 로마와 아우구스투스를 위한 두 신전이 있던 헬라화된 폴리스였다.

헤롯의 최대 건축 기획은 예루살렘 성전이었다. 주전 20년에서 8/9년 어간에 성전지구의 면적은 두 배로 커졌고, 오늘날까지도 볼 수 있는 대형 마름돌로 건축된 외성벽이 세워졌다. 성전 서쪽 성벽은 오늘날 "통곡의 벽"이라 불린다. 성전은 도시의 무역과 장터가 되었다. 헤롯은 성전지구 북쪽에 아토니아 요새를 건설했다.

헤롯 정권 말기에, 친하스모니아 일파와 친헤롯-로마 일파 간 긴장이 생겨났다. 헤롯은 알렉산더의 딸, 하스모니아 왕가의 마리암네와 결혼했지만, 그 결혼은 헤롯의 아들들이 가담한 반목에 어떤 변화도 주지 못했다. 예루살렘 왕정은 로마가 인물에 따라 임명하던 피보호자 관계에 있었기 때문에, 그 계승은 황제 아구스투스(주전 31-주후 14)에 의해 규율되었다.

아우구스투스는 통치권을 헤롯의 아들들에게 아주 잠깐 배분해 주었다. 아켈라우스에게는 유데아, 사마리아, 이두메아를, 헤롯 안티파스에게는 갈릴리와 페레아, 필립보에게는 요단 동편을 할당했다.

아켈라우스는 백성과 예루살렘 지도층 간 반목으로 주후 6년 갈리아로 추방당하고 그의 분봉왕 영지는 로마의 직접 통제 아래 들어간다. 또한, 중형 선고권과 조세 징수권은 유다의 산헤드린에서 가이사랴 마리티마의 로마 총독에게 넘어간다.

황제의 특사 퀴리니우스(Quirinius)가 다스릴 때 아켈라우스의 통치영역 재편이 있었는데, 신약성경은 이 시기와 예수님의 탄생을 연결 짓는다(눅 2:1-4). 예수님 당시 갈릴리는 헤롯 안티파스(주전 4-주후 39)가 다스렸다. 그가 추방당했을 때 그를 이어 헤롯 아그립파 1세(39-44년)가 재위한다. 황제 클라우디우스가 유데아, 사마리아, 이두메아까지 그에게 영지로 허락한 이후 아그립파 1세는 헤롯 대왕 시절 옛 왕국의 영토 대부분을 통치하게 된다.

아그립파 1세 재위 당시, 그리고 주후 44년 그의 사후 로마에 반대하는 폭동과 대규모 항거가 있었다. 그 도화선은 땅 전체가 가이사랴 마리티마 총독 휘하에 들어가는 정치, 경제적 변화와 황제 숭배였다. 젤롯당(열심당)은 반대자들로부터 "반디트"(도적떼)나 "시카리"(단검-전사)로, 즉 마카베오가 썼던 방법으로 국가적 봉기에 불을 지핀다. "유대 전쟁"으로 불리는 이 전투(주후 66-70)는 로마인들에 의해 폭압적으로 종결된다.

황제 네로는 베스파시안에게 유대 전쟁의 명령권을 위임했고, 이후 베스파시안은 주후 69년에 황제에 오른다. 베스파시안은 그의 아들 티투스에게 유데아 봉기를 진압할 것을 명한다. 예루살렘은 포위되었는데 결국 주후 70년에 함락된다. 성전은 약탈과 방화에 이어 완전히 파괴되었다.

로마인들은 예루살렘을 세속적인 이방 도시로 탈바꿈시키고, 도시명을 "아엘리아 카피톨리나"(Aelia Capitolina)로 명한다. 유데아는 "시리아 팔레스티나"(syria palaestina)로 개칭되면서, 제2성전 역사는 그 막을 내린다.

9. 요약

예루살렘은 100년 전처럼 헬레니즘 시대에도 상대적으로 비중이 없던 성전 도시였다. 이 지위는 프톨레마이오스 왕가 시절, 대제사장직이 상속되고 예루살렘 성전의 재정이 조세권을 통해 안정화되었을 때 바뀌었다. 대제사장들은 주전 3세기와 2세기에 라이벌 관계의 프톨레마이오스와 셀로이키드에 대해 다양한 입장을 취하면서 처음부터 예루살렘의 내부적 긴장이 노출되었다.

오니아스와 토비야 가문의 대립은 프톨레마이오스와 셀로이키드 시절의 분쟁을 결정했다. 족히 200년이나 지속된 대결 구도 끝에 하스모니아 왕가가 생겨났다. 주전 587/6년 이래 처음으로 본토인 통치자가 예루살렘을 다스리게 된다. 상반되는 정치적 수사가 있지만, 이 왕국은 전통적 지향성을 가진 것이 아니라, 헬레니즘적 특성이 뚜렷했다.

페르시아 통치 후반부부터 동전 모트브에 표현된 헬레니즘적 영향은 주전 3세기와 2세기에 엄청나게 증가했다. 이중 언어가 가능하며 프톨레마이오스 제국의 지도력을 담당할 엘리트 교육에 방점을 둔 프톨레마이오스의 정치적 아젠다는 이미 주전 3세기부터 유데아에 더 강한 헬레니즘 유입을 부추겼다. 셀로이키드의 정책 또한 이와 연결되어 있었다.

안티오쿠스 4세 에피파니아스(주전 175-164) 치하의 "망하게 하는 죄악"(단 8:13; 1마카 1:57), 즉 예루살렘 야웨 제의가 제우스 올림피오스 제의로 변경된 것에 대한 해석은 소수이지만 고대 유대교 발전에 결정적 역할을 했던 예루살렘 성전의 보수 그룹의 시각을 드러낸다. 시편에는 "하시딤"으로, 쿰란 문헌에는 "아시딤"(Asidim)으로 기록된 "경건한 자들"은 점점 더 중요성을 획득하게 된다.

예루살렘 성전과 대제사장직의 정치화로 고대 유대교는 더 많은 분화를 겪게 된다. 주전 170년경 오니아스 4세의 이집트 도피와 레온토폴리스/헬리오폴리스의 성전 건립으로 이집트에는 새로운 야웨공동체가 생겨나고, 사해 바다 남쪽에는 보수적인 서기관 일파가 정착함으로 팔레스타인/이스라엘에는 또 하나의 야웨공동체가 탄생한다.

로마 통치 전 팔레스타인에는 이미 고대 유대교의 여러 개념 형식이 존재했다. 알렉산드리아와 쿰란으로 두 개의 서로 다른 유대적 정체성 개념이 있게 된다.

한편은 문화적으로 개방적이며 히브리 성경의 그리스어 역본(LXX)으로 자신들만의 고유한 성경 문헌을 지닌 헬레화된 디아스포라 유대교이다.

다른 한편은 율법과 선지자와 성문서의 선례를 유지하면서 나름대로 더 발전시킨 쿰란의 유대교이다.

이 양극 사이에 또 다른 유대교 분파들이 있었다. 즉, 엄격하게 토라 지향적인 그리심의 야웨공동체, 헬라화된 예루살렘의 하스모니아 왕정, 레온토폴리스, 헬리오폴리스, 헤라클레오폴리스의 이집트 디아스포라공동체가 이들이다.

지금까지 알려진 바에 따르면, 토라는 마지막에 나열된 이집트 디아스포라공동체에서 그 어떤 역할도 하지 않는다.

고대 유대교 개념 형식의 다중성은 제2성전 시대의 문학 작품에 결정적 특색을 부여한다. 구약성경 중 적지 않은 부분이 페르시아와 헬레니즘 시기의 작품이다.

[고고학적 시기 구분]

중기청동기 II	주전 2000-1550
후기청동기 I	주전 1550-1400
후기청동기 IIA	주전 1400-1300
후기청동기 IIB	주전 1300-1150
철기 IA	주전 1200-1140
철기 IB	주전 1140-980
철기 IIA	주전 980-840/30
(철기 IIA 초기)	주전 980-925)
(철기 IIA 후기)	주전 925-830)
철기 IIB	주전 830-700
철기 IIC	주전 700-587
철기 III(바빌로니아-페르시아)	주전 587-450
(바빌로니아-페르시아 시기)	주전 539-450
페르시아 시기 II	주전 450-333
헬레니즘 시대	주전 333-37
로마 시대	주전 37-주후 324

[연표]

본서에서 밝힌 바와 같이 구약성경 속 왕들의 재위 시기는 추정이며 역사적으로 정확한 연도는 특정할 수 없다.

이집트	팔레스타인/이스라엘	메소포타미아/아나톨리아
		(힛타이트)
람세스 2세. 1279-1213	1274 카데쉬 전투	무와탈리 2세 1290-1272
아메노피스 4세. 1353-1336	1350 아마르나 서신	
메렌프타. 1213-1203	1208 메렌프타 석비	
(제21왕조 1076-944)	다윗 1004/3-965/64 (?)	(신아시리아)
시아문 978-959	솔로몬 965/4-926/25 (?)	앗수르단 2세. 934-912
푸수세네스 2세. 959-945		
(22왕조 943-ca.746)		
쉐숑크 1세. 943-923	르호보암 926-910	
	오므리 882-871	
	카르카르 전투(853)	살만나싸르 3세. 859-824
	메사 석비(850 이후)	
	예후의 조공(841)	
		티글라트필레세르 3세. 745-727
(제24왕조)		
오소르콘 4세. 730-715	호세아 732-723	살만나싸르 5세. 727-722
	사마리아 함락 722/20	사르곤 2세. 722-705
(제25왕조 722-655)		
쇼바카 ca.722-707	히스기아 725-697	산헤립 705-681

쉐비트쿠 ca.702-690　　므낫세 696-642　　아사르핫돈 681-669

타하르카 690-664　　　　　　　　　　　잇수르마니팔 669-630

(제26왕조 664-525)　　　　　　　　　　(신바빌로니아)

프삼메티크 1세. 664-610　요시야 639-609　나보폴라싸르 625-605

느고 2세. 610-595　　여호야김 608-598　네부카드네차르 2세. 605-562

프삼메티크 2세. 595-589　여호야긴 598/97

　　　　　　　　　　　1차 예루살렘 함락 598/97

아프리에스 589-570　시드기야 598/97-587/86

　　　　　　　　　　　2차 예루살렘 함락 587/86

　　　　　　　　　　　　　　　　　　　(페르시아)

(제27왕조)　　　　　　　　　　　　　　키루스 2세. 599-530

1차 페르시아통치 525-404)　　　　　　캄비세스 2세. 530-522

519/8 우드야호르레세네트

　　　　　　　　　　　　　　　　　　　다레이오스 1세. 522-486

464-454 이나로스 봉기　　　　　　　　아르타크세르크세스 1세. 465-424/3

(제28왕조 404-399)　　407 엘레판틴 서신　다레이오스 2세. 424-404

(제29왕조 399-380)　　　　　　　　　아르타크세르크세스 2세. 404-359

(제30왕조 380-343)

(제2차 페르시아통치 343-332)　　　　　(그리스)

제5장 헬라 시대(주전 333-63)

알렉산더 대왕 356-323

(프톨레미 323-30)

(274-168 6회 시리아 전쟁) (셀로이키드 312-64)

프톨레마이오스 2세
펠라델포스 285-246

안티오코스 1세 소테르
281-261

프톨레마이오스 4세
필로파토르 221-204

안티오코스 3세 메가스
222-187

프톨레마이오스 6세
필로메토르 180-145

안티오코스 4세
에피파니아스 175-164

(167-143/42 마카베오 봉기)
(135/34-37 하스몬 왕국)

(팔레스타인 로마)
헤롯 대왕 37-4
헤롯 안티파스 4-39
(66-70 유대 전쟁)
(70 제2성전 파괴)

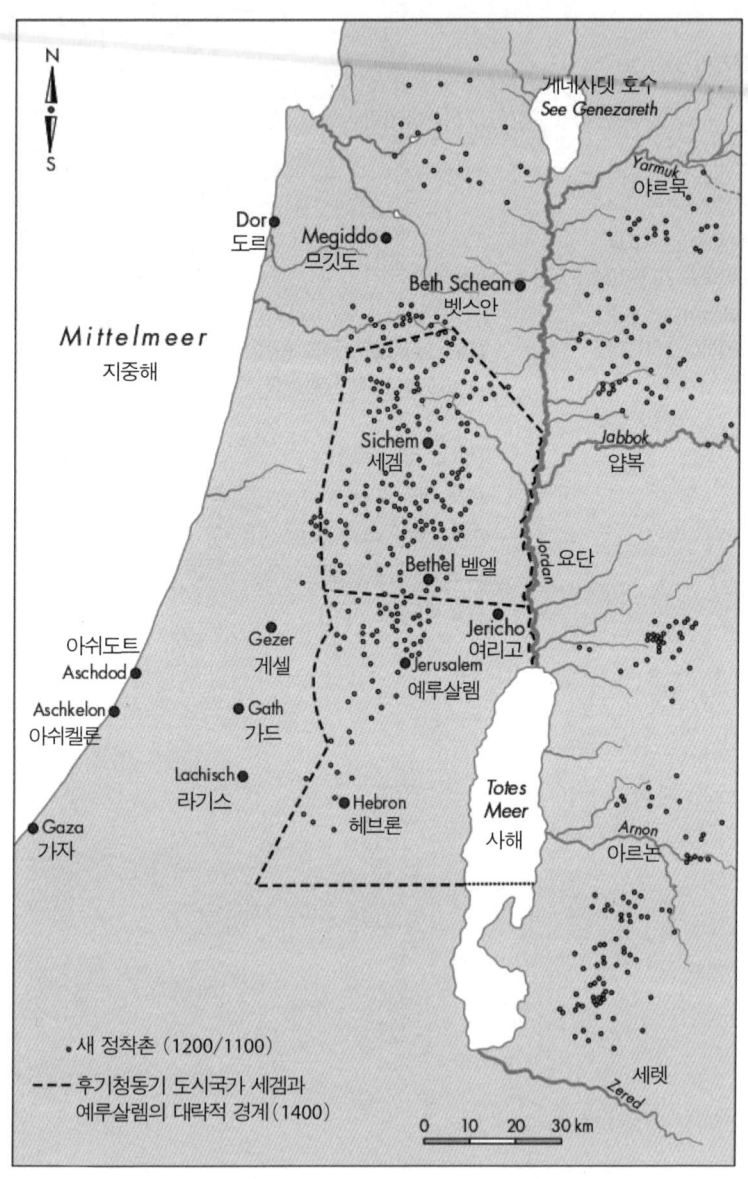

[지도 1] 주전 1400년, 1200/1100년, 팔레스타인/이스라엘

제5장 헬라 시대(주전 333-63) 163

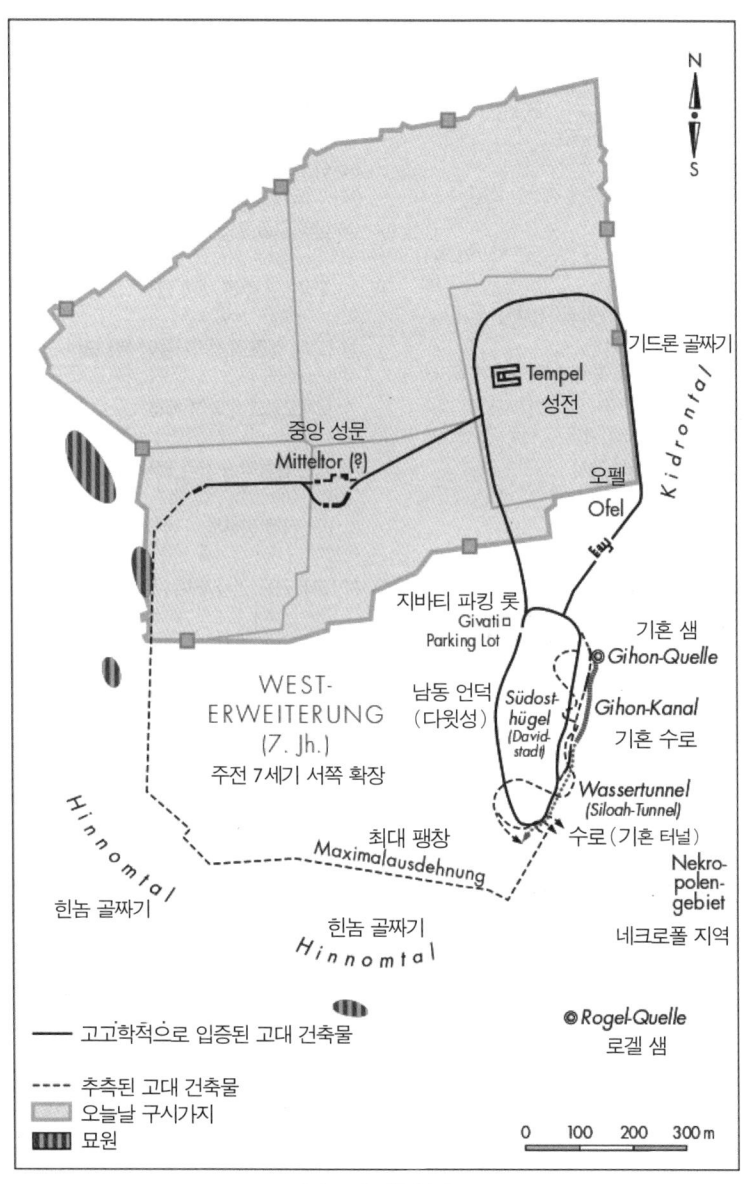

[지도 2] 예루살렘

[CLC 고대 근동 시리즈]

① 이스라엘의 역사
레온 J. 우드 지음 | 김의원 옮김

② 고대 근동 문자와 성경
장국원 지음 | 신국판

③ 이스라엘의 종교
리차드 S. 히스 지음 | 김구원 옮김

④ 고대 근동 역사
마르크 반 드 미에룹 지음 | 김구원 옮김

⑤ 페르시아와 성경
에드윈 M. 야마우찌 지음 | 박웅규 외 2인 옮김

⑥ 이집트와 성경 역사
찰스 F. 에일링 지음 | 신득일, 김색석 옮김

⑦ 고대 이스라엘 역사
레스터 L. 그래비 지음 | 류광현, 김성천 옮김

⑧ 고대 근동 문화
알프레드 J. 허트 외 2인 편집 | 신득일, 김백석 옮김

⑨ 이스라엘의 성경적 역사
이안 프로반 외 2인 지음 | 김구원 옮김

⑩ 성서 고고학
에릭 H. 클라인 지음 | 류광현 옮김

⑪ 고대 이스라엘 문화
필립 J. 킹 외 1인 지음 | 임미영 옮김

⑫ 고대 근동 사상과 구약성경
존 H. 월튼 지음 | 신득일 옮김

⑬ 고대 근동 문학 선집
제임스 프리차드 지음 | 김구원 외 옮김

⑭ 고고학으로 읽는 성경
임미영 지음 | 크라운판 양장

⑮ 이스라엘과 고대 근동의 점술
강승일 지음 | 신국판 양장

⑯ 고대 이스라엘 문화와 구약성경
수잔 니디치 지음 | 곽계일 옮김

⑰ 고대 이집트와 구약성경
존 D. 커리드 지음 | 신득일, 김백석 옮김

⑱ 고대 근동 문화와 성경의 권위
존 H. 월튼 지음 | 신득일, 오성환 옮김

⑲ 고대 근동 문헌과 구약성경
크리스토퍼 B. 헤이즈 지음 | 임요한 옮김

⑳ 고대 근동과 성경의 우상 (개정판)
한민수 지음음 | 신국판 양장

㉑ 고대 근동과 이스라엘 종교
패트릭 D. 밀러 지음 | 김병하 옮김

㉒ 고대 근동과 이스라엘 정치
노만 K. 갓월드 지음 | 윤성덕 옮김

㉓ 고대 근동과 구약 문헌사
콘라드 슈미트 지음 | 이용중 옮김

㉔ 이스라엘의 선지자
레온 우드 지음 | 김동진 옮김

㉕ 이스라엘의 통일 왕국사
레온 우드 지음 | 윤종훈 옮김

㉖ 신의 얼굴을 그리다
강승일 지음 | 신국판 양장

㉗ 구약성경 주변 세계 탐구
빌 T. 아놀드, 브렌트 A. 스트런 편집 | 임요한 옮김

㉘ (고대 성경 해석학가들이 본) 모세오경
제임스 쿠걸 지음 | 김은호, 임승환 옮김

㉙ 모세오경의 문화적 배경
G. 허버트 리빙스톤 지음 | 김의원 옮김

㉚ 고대 근동과 구약의 양자신학
노남근 지음 | 신국판 양장

㉛ 이스라엘 왕정사
박성혁 지음 | 신국판 양장

㉜ 고대 근동 역사와 예수님의 구원 섭리
장국원 지음 | 신국판 양장

㉝ 고대 근동 문화와 구약의 배경
조나단 S. 그리어 외 2인 편집 | 김은호, 우택주 옮김

㉞ 유대교의 역사 : 바리새파의 재발견
정연호 지음 | 신국판 양장

㉟ 구약과 고대 근동의 역사
정연호 지음 | 신국판 양장 | 근간

㊱ 고대 근동 역사와 성서지리
정연호 지음 | 신국판 양장 | 근간

㊲ 구약 성경 문학 탐구
찌포라 탈쉬르 지음 | 한국 이스라엘 학회 옮김

㊳ 고대 근동과 모세오경
조엘 S. 베이든 지음 | 김지명 옮김

㊴ 고대 이스라엘 사회사
라이너 케슬러 지음 | 민경구 옮김

㊵ 구약 성경 문화 배경사
류관석 지음 | 신국판 무선

㊶ 간추린 고대 이스라엘 역사
베른트 U. 쉬퍼 지음 | 오민수 옮김